만화로 보는 ◆ 토마 피케티의
자본과 이데올로기

만화로 보는 토마 피케티의 자본과 이데올로기

초판 1쇄 발행 2023년 11월 30일

지은이 클레르 알레 / **그림** 벤자민 아담 / **번역** 정수민 / **감수** 이정우

펴낸이 조기흠
책임편집 김혜성 / **기획편집** 이수동, 최진, 박소현
마케팅 정재훈, 박태규, 김선영, 홍태형, 임은희, 김예인 / **제작** 박성우, 김정우
디자인 이슬기

펴낸곳 한빛비즈(주) / **주소** 서울시 서대문구 연희로2길 62 4층
전화 02-325-5506 / **팩스** 02-326-1566
등록 2008년 1월 14일 제 25100-2017-000062호

ISBN 979-11-5784-716-7 03300

이 책에 대한 의견이나 오탈자 및 잘못된 내용에 대한 수정 정보는 한빛비즈의 홈페이지나
이메일(hanbitbiz@hanbit.co.kr)로 알려주십시오. 잘못된 책은 구입하신 서점에서 교환해드립니다.
책값은 뒤표지에 표시되어 있습니다.

hanbitbiz.com facebook.com/hanbitbiz post.naver.com/hanbit_biz
youtube.com/한빛비즈 instagram.com/hanbitbiz

Capital et Idéologie en bande dessinée – D'après le livre de Thomas Piketty
by Claire Alet and Benjamin Adam
© Éditions du Seuil / La Revue dessinée, 2022
All rights reserved.
Korean Translation Copyright © Hanbit Biz, Inc. 2023.
This Korean Edition is published by arrangement with Seuil / La Revue dessinée, France through Sibylle Agency, Korea.
이 책의 한국어판 저작권은 시빌에이전시를 통한 저작권자와의 독점 계약으로 한빛비즈(주)에 있습니다.
저작권법에 의해 보호를 받는 저작물이므로 무단 복제 및 무단 전재를 금합니다.

지금 하지 않으면 할 수 없는 일이 있습니다.
책으로 펴내고 싶은 아이디어나 원고를 메일(hanbitbiz@hanbit.co.kr)로 보내주세요.
한빛비즈는 여러분의 소중한 경험과 지식을 기다리고 있습니다.

만화로 보는 ◆ **토마 피케티의**

자본과 이데올로기

클레르 알레 글 | 벤자민 아담 그림　　　　　　　정수민 옮김 | 이정우 감수

한빛비즈

CONTENTS

1901년, 쥘
누진세의 시작
→ p.8

세기 초 불평등한 유럽
→ p.10

세금 : 자유, 평등, 비례?
→ p.11

누진세, 재분배 도구
→ p.12

1789년, 피에르&장 바티스트
유유자적하는 귀족들
→ p.19

세 가지 계급 사회의 불평등
→ p.20

1789년, 특권 폐지
→ p.21

프랑스 혁명 또는 소유자사회의 출현
→ p.22

양도세, 귀족들의 불행한 시간?
→ p.23

프랑스 혁명의 역설
→ p.25

1794년, 피에르, 제르맨&엘리노어
노예제 사회 : 불평등이 절정에 달했을 때
→ p.31

아이티 : 노예 반란으로 생긴 공공 부채
→ p.32

폐지 : 결국 승리는 노예제 지지자
→ p.35

영국에서의 노예제 폐지와 보상
→ p.36

노예 소유 사회의 정당성
→ p.37

1860년, 제르맨, 엘리노어, 조제프&샤를로트
유럽의 손안에 놓인 세계
→ p.41

남북전쟁부터 노예제 폐지까지
→ p.45

초보자를 위한 식민지화
→ p.48

미국의 도금시대 : 제2의 산업혁명
→ p.56

1901년, 쥘&루이즈
네 늙은이와 카이요 사건
→ p. 61
누진세와 세계대전
→ p. 65

1920년, 쥘&앙투안
점점 하락하는 고재산의 가치
→ p. 69
케인스 또는 적자의 풍요로움
→ p. 74
뉴딜 또는 인민 전선: 사회민주주의의 인기
→ p. 77

1945년, 에르네스틴&게랑 가족
인플레이션, 빚쟁이에게는 뜻밖의 행운?
→ p. 83
제2차 세계대전 후 소유자사회의 몰락
→ p. 87
영광의 30년, 성공을 거두다
→ p. 89
적극적 우대조치, 인도의 선구적 모델
→ p. 93
기업지배구조와 기업, 독일 모델
→ p. 97

1968년, 크리스틴&티에리
닉슨에서 대처로, 보수 혁명
→ p. 104
1981년, 미테랑 시대의 시작
→ p. 107
베를린 장벽 아래 공산주의 정권
→ p. 109
유럽연합, 불안정한 타협
→ p. 111

2010년, 레아
실력주의, 위대한 환상
→ p. 115
불평등에 대항하기 위해 중요한 것
→ p. 117
교육 격차의 반전
→ p. 121
사회민주주의의 실패
→ p. 123

2014년, 레아&위고
유럽연합, 동유럽과 서유럽의 분열
→ p. 127
서브프라임
→ p. 131
금리 희생자
→ p. 133
'양적완화', 구원자 유럽중앙은행
→ p. 135
경제적 가부장제의 지속
→ p. 137
코끼리 곡선, 거대한 불평등
→ p. 140

2016년, 위고가 떠난 뒤 레아
최악의 세금 손실
→ p. 145
재정 투명성을 위한 방법
→ p. 148
정체성 후퇴라는 특징의 새로운 세기
→ p. 151

21세기 참여사회주의를 위한 제안
자본의 사회적소유
→ p. 161
자본의 일시소유
→ p. 163
사회적인 연방 유럽을 향하여
→ p. 166
민주적 평등 바우처
→ p. 168
누진 및 개인 탄소세
→ p. 170
개인의 교육과 훈련을 위한 자본
→ p. 172

이 세상을 물려받은 내 아이들에게.
불평등에 맞서 싸우는 모든 이들에게.
클레르 알레

1901년

질

요즘 세금에 대한 논의가 뜨겁다.

르 피가로*

소득세 : 이것은 세금판 종교재판이다!

맞아! 이건 종교재판이야!

지난해 영국 소득세의 영향을 받아 재무부 장관 **조제프 카요****가 소득세에 관한 법안을 제출했다.

처음 있는 일이 아니었다. 1894년 이후 레몽 푸앵카레부터 **모든** 재무부 장관이 소득세 법안을 제출했다!

그도 우리와 같은 사람이죠!

2월 현재, 의회에서 토론이 진행 중인데 이번에도 반대가 만만치 않다.

화내지 말자, 예의를 지키자, 진정하자!

특히 상원에서!

대부분의 프랑스 부자들처럼 쥘은 화부터 났다.

누가 보면 우리가 이 돈을 훔친 줄 알겠어!

실제로 그렇다. 쥘은 부자니까.

모자 여기 있어요.

고마워요, 마르트.

어쨌든 야당의 반대 의견은 확고하니까!

쥘은 오늘 아침에 은행원과 약속이 있다.

* 1826년에 창간된 프랑스의 일간신문.
** 프랑스의 급진파 정치인. 1911~1912년에는 총리까지 지냈다.

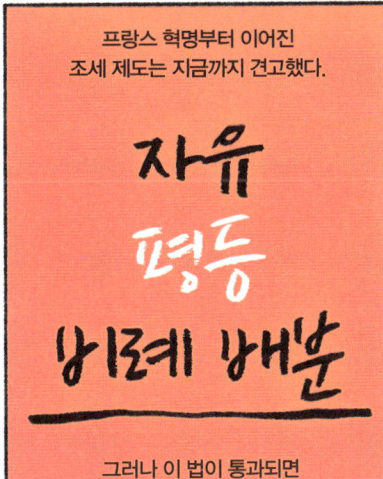

비례세

부의 정도와 관계없이 단일 세율만 있다.

각 납세자는 소득이나 재산의 동일한 몫을 지불한다.

10% (예를 들어)

비례세는 **재분배가 거의 이루어지지 않는** 세금이다.

직관적으로는 공평해 보이지만, 불평등을 고스란히 유지한다.

부자가 계속 부자인 것처럼, 가난한 사람도 계속 가난하다.

● 세금 🍎 생활비
○ 재산 축적

따라서 비례세는 **가장 부유한 사람들에게 유리하다.**

누진세

누진세의 특이점은 소득이나 재산을 **조각조각** 나눈다는 것이다.

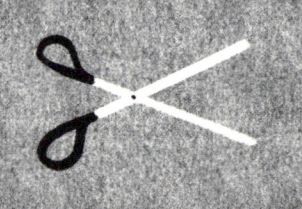

각 단계에 다른 세율이 적용된다.

첫 번째 구간에 적용되는 세율은 모두에게 **동일하다.**

세율은 재산이 더 많은 구간에서만 증가한다.

누진세는 **재분배를 더 많이 하는** 세금이다.

공공서비스
SERVICE
PUBLIC

소득이 많은 사람들이 **사회 전체의 이익**을 위해 더 많이 내는 것이다.

1901년의 그 일주일 동안 이루어진 일은 소득에 대한 것이든 상속에 대한 것이든

조세 개혁 그 이상이었다.

누진세가 도입되면 조세 철학이 전부 바뀐다.

그건 프랑스에서 세금으로 **불평등을 줄이려는** 첫 번째 시도였다.

쥘과 같은 반대자들을 불안하게 만든 건 바로 이 부분이었다.

* 프랑스 남서부에 있는 항구도시로, 지롱드주의 주도이다.
** 프랑스 지롱드주 남서부에 위치한 코뮌.

1789년

피에르 & 장 바티스트

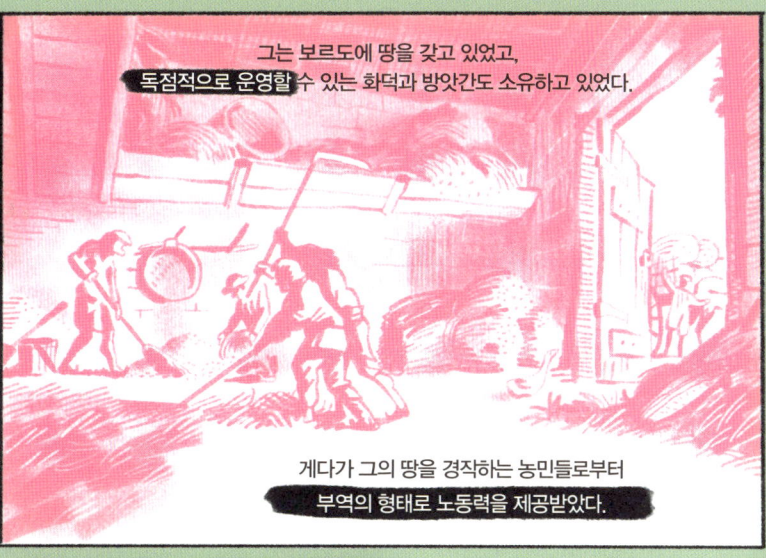

* 1789년 프랑스 혁명 때 타도의 대상이 된 구체제. 절대 왕정 시대의 체제를 가리키나, 넓은 의미로는 근대 사회 이전의 사회나 제도를 말한다.

소유자사회

소유권이 사회 시스템의 토대라고 생각하는 사회이다.

1790년 국회

출생증명서는 토지대장의 시작이었다.

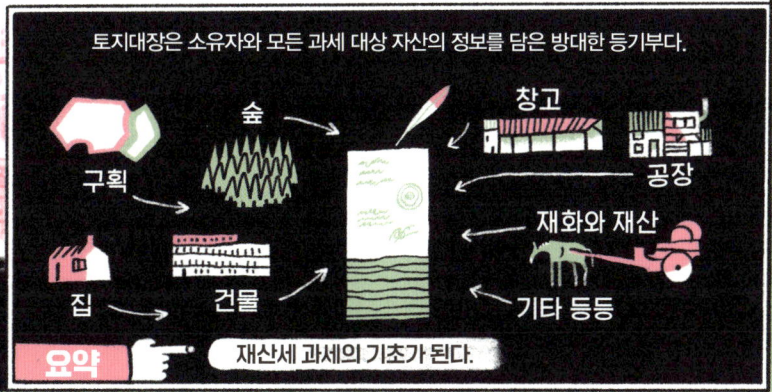

토지대장은 소유자와 모든 과세 대상 자산의 정보를 담은 방대한 등기부다.

구획 → 숲 → 창고 → 공장 ← 재화와 재산 ← 기타 등등
집 → 건물

요약: 재산세 과세의 기초가 된다.

이런 시스템에서

주의! 내가 지킨다. 이곳은 위험을 무릅쓰고라도 지켜야 합니다.

중앙정부는 **소유권**의 보호자가 된다.

예를 들어, 소유권 변경 과정에서 지금까지 재산취득세라는 이름으로

피에르의 재산에 기여하던 **납입금**이 바뀌었다.

이제 그것을 **양도세**라 부르게 됐고, **비례세**로 남아 있다.

납입금 / **부과금**

그러나 **명칭 변화** 이상의 큰 변화는 다른 데 있었다.

이제 양도세를 지역 영주에게 지불하는 것이 아니라…

국가에 지불해야 했다!

히히!

그래서 피에르는 두 형제 중 첫 번째 패자가 됐다.

-1

재산취득세가 없어졌기 때문이다!

* 양도세는 여전히 존재하며, 오늘날 부동산 매매계약에 계속 부과된다.

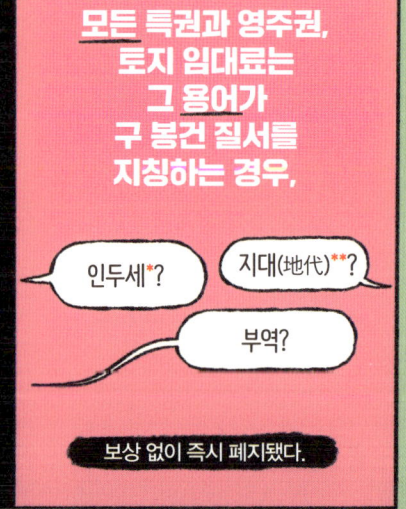

* 납세 능력의 차이를 고려하지 않고 각 개인에게 동일액을 매기는 세금.
** 토지 사용의 대가로 토지 소유자에게 지급하는 금전이나 그 외의 물건.

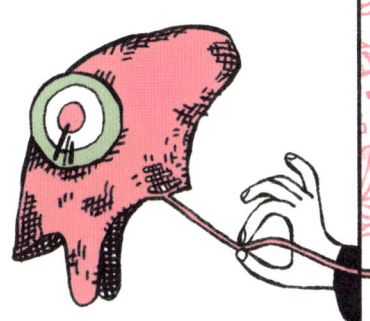

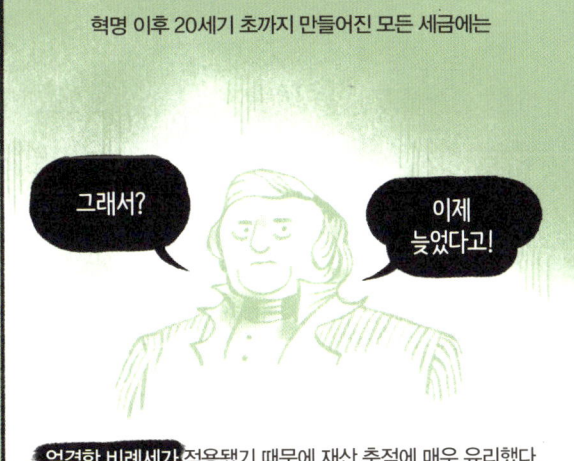

* 영화 〈백 투 더 퓨처〉 참고.

하지만 실제로는
아주 불평등한 사회를 만든 것이었다.

1800~1914년은
소유자사회의 재림 같았다.

사회 불평등 정도는
어떻게 측정하는 걸까?

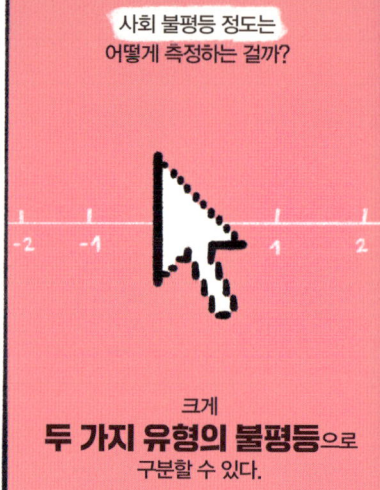

크게
두 가지 유형의 불평등으로
구분할 수 있다.

1 **부의 불평등**에는
제한이 없다.

한 명 또는 소수의 사람이 100%의
부동산을 보유한다고 볼 수도 있다.

2 **소득 불평등**은 한 해 동안 생산된 소득의 분배 상태를
가리키는데, 상대적으로 다양하다.

가장 가난한 사람들은 생계에도 제약이 생긴다.
그래서 정의상 부의 불평등보다 훨씬 더 제한적이다.

아무것도 소유하지 않고
살 순 있지만,

먹지 않고는 살 수 없다!

결과적으로 모든 사람이
생존의 문턱에 있는 가난한 사회에서는

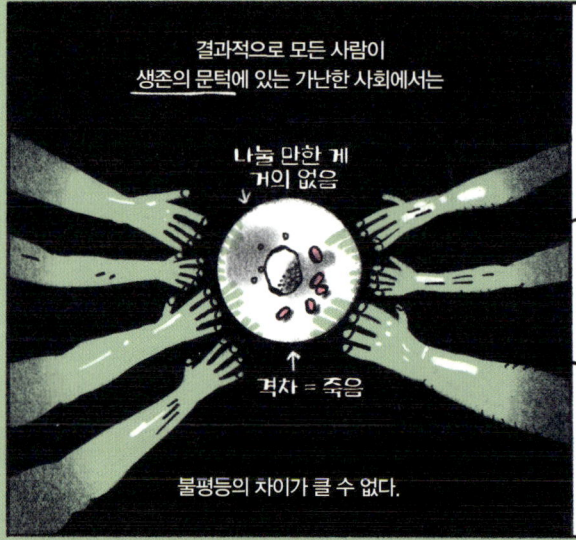

불평등의 차이가 클 수 없다.

사회가 부유할수록 불평등할 가능성이 커진다.

그런 의미에서 노예제 사회는 확실히 가장 극단적이다.

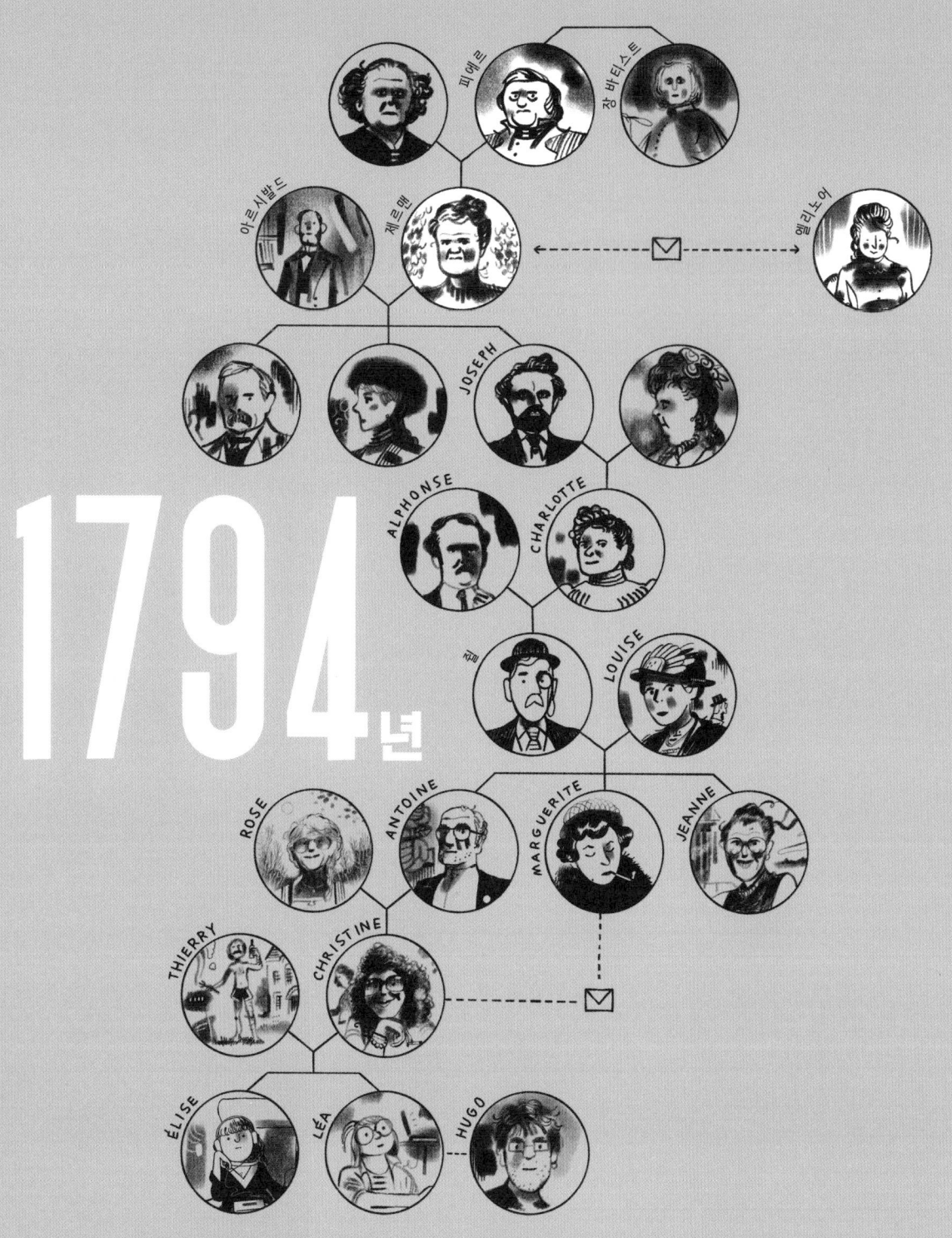

1794년

피에르, 제르맨&엘리노어

혁명이 일어나기 얼마 전으로 돌아가보자.

1788년 프랑스의 섬 부르봉, 모리셔스와 서인도 제도는 구미권에서 노예가 가장 많이 밀집한 지역이었다.

생도맹그
스페인과 프랑스가 차지했던 땅으로

프랑스령
스페인령

이곳의 노예 비율은 전체 인구의 90%에 달했다.

그야말로 진정한 노예들의 섬으로,

주민들 간의 불평등 또한 극심했다.

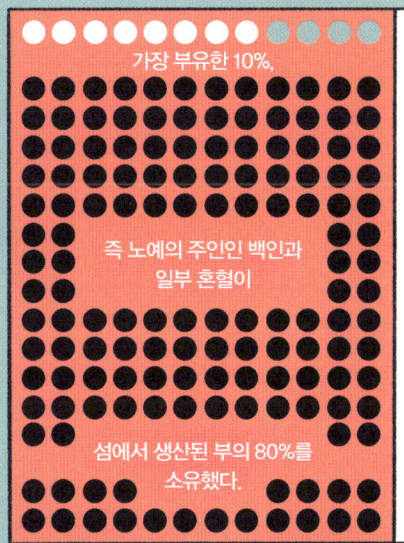

가장 부유한 10%,

즉 노예의 주인인 백인과 일부 혼혈이

섬에서 생산된 부의 80%를 소유했다.

그곳의 정치와 이데올로기는 명확했다.

다른 인간에 의한 인간 소유권에 근거한 것이었다.

따라서 노예는 신분이나 가족을 가질 권리를 포함해

모든 권리를 빼앗겼다.

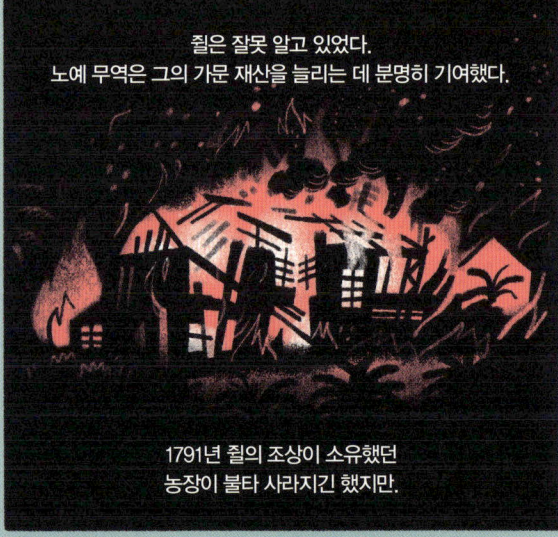

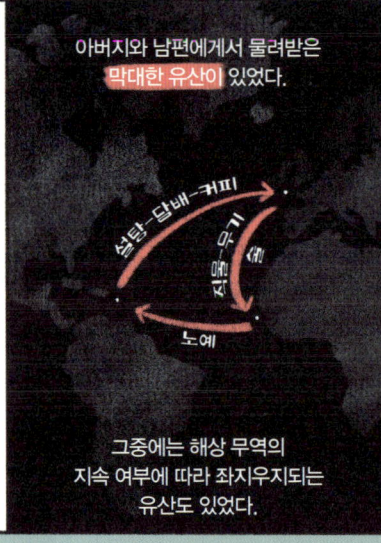

* 1824~1830년 재위한 프랑스의 왕.

* 나중에 9천만 금프랑으로 줄었지만, 1950년까지 아이티는 부채와 이자를 청산하지 못했다.

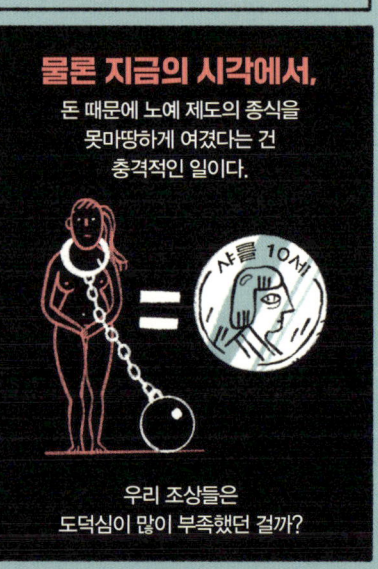

* 제르맨이 '자산'이라고 부른 것은 실제로 노예를 말한다.

그렇다.

도덕 문제는 노예제 폐지에 역할을 했다.

하지만,

더 우선된 건 경제 논리였다.
약간의 냉소주의와 함께…

1833년 런던에 있는 엘리노어 주변의 사람들은 그 원인을 잘 아는 듯했다.

노예 제도 찬성 시스템을 끝내야 했어요.

노예는 수명이 짧잖아요. 먹을 것도 줘야 하고, 잠잘 곳도 줘야 하고요.

설탕과 목화의 경우, 임금 노동은 수익성이 있어요. 아니, 그 이상이죠!

이 우선순위 등급에 따르면, 노예 소유자에 대한 배상금은

소유자사회라는 명백한 증거였다.

보상금 없이 재산을 수용하거나

오히려 노예들이 겪은 고통에 대해 배상해야 했다면

그건 소유 시스템 전체를 파괴할 만한 위험이었다.

우르릉 쾅!

이를 가리켜

판도라의 논쟁

이라고 부른다.

잘 알려진 판도라의 상자 신화와 연관된 얘기다.

판도라, 상자를 열면 안 돼!

절대로 열지 마!

신화 속에서 판도라는

인류의 모든 악이 담긴 상자를 받았다.

어떻게 열지 않을 수가 있죠? 제 거잖아요.

이 사실을 몰랐던 판도라는 너무나 상자를 열어보고 싶었다.

* 판도라는 상자를 열었다.

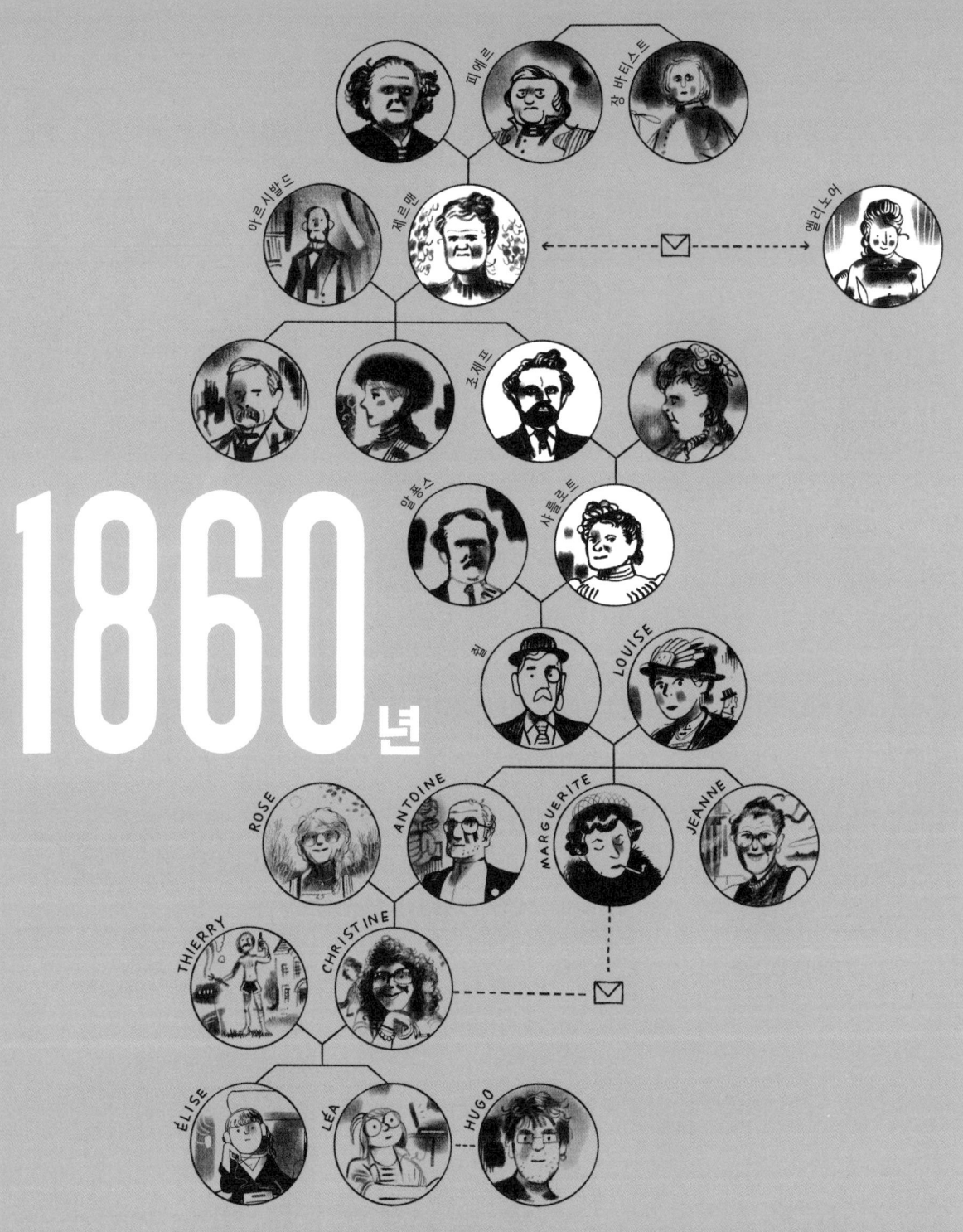

1860년

제르맨, 엘리노어, 조제프&샤를로트

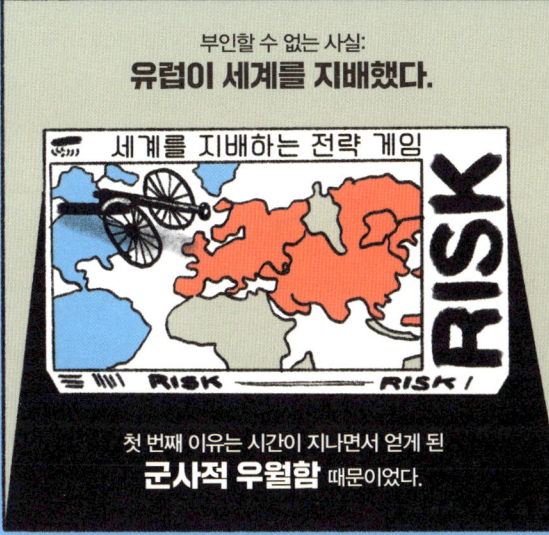

부인할 수 없는 사실:
유럽이 세계를 지배했다.

첫 번째 이유는 시간이 지나면서 얻게 된 **군사적 우월함** 때문이었다.

유럽은 끊임없는 경쟁 관계에 있는 비슷한 규모의 소국가로 구성되었다.

16세기 유럽은 **95%** 의 시간 동안 전쟁 중이었다!

그러면서 군대와 무장에 대한 노하우를 개발한 것이다.

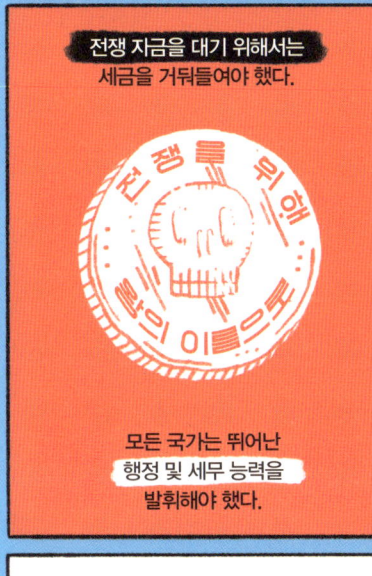

전쟁 자금을 대기 위해서는 세금을 거둬들여야 했다.

모든 국가는 뛰어난 행정 및 세무 능력을 발휘해야 했다.

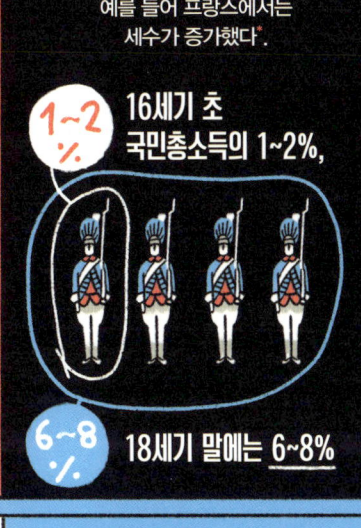

예를 들어 프랑스에서는 세수가 증가했다*.

16세기 초 국민총소득의 1~2%,
18세기 말에는 6~8%

같은 기간에 오스만 제국과 중국은 침체를 겪었다.

그렇게 유럽이 최초로 **근대 국가를** 세운 것이다.

그리고 바다로 나가 조금씩 세계를 정복하기 시작했다.

정복을 가능하게 한 유일한 에너지는 나무였다.

18세기 말이 되자 삼림 파괴가 유럽 대륙을 위태롭게 했다.

그들이 정복한 땅엔 자원이 풍부했다.

그래서 식민지화는 **자원 부족의 보충**이라는 새로운 목표를 갖게 되었다.

* 오늘날 세수는 국민총소득의 45%에 달한다.

삼각 무역

노예를 사고팔며 옛 식민지와 새 식민지를 **착취함으로써**

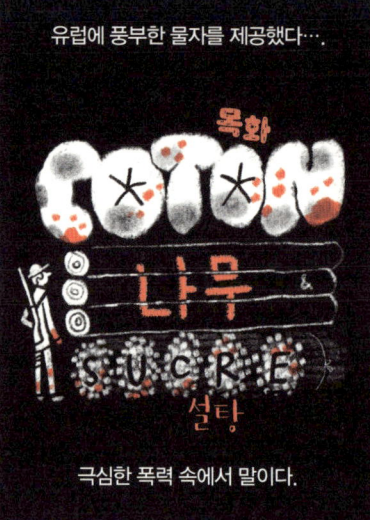

유럽에 풍부한 물자를 제공했다···.

극심한 폭력 속에서 말이다.

18세기의 간판 경제학자 **애덤 스미스**가 주창한 도덕적 제도와는 거리가 멀었다.

그럼에도 불구하고 18세기와 19세기에 이루어진 이런 **제도적이며 호전적인 전략들이**

유럽을 **성공으로 이끌었다.**

게다가 이 새로운 **국제 노동 분업**은 이어서

산업혁명의 등장까지 가져왔다.

결국 유럽의 지배는 보호주의 없이 이뤄지기 힘들었을 거라는 결론이 나온다.

정지 / 세관

보호주의

외국과의 경쟁으로부터 국가 경제를 보호하기 위한 관세 정책

16세기와 17세기에 인도 직물은 유럽에서 큰 인기를 얻었다.

유럽 상인들에겐 시장을 잃은 것과 마찬가지였다.

지배력을 되찾기 위해 영국 상인들은 전략을 짰다.

그 천 쪼가리들을 쫓아내는 데 동의하시는 분?

저요!

꽃무늬는 여자애들이나 좋아하죠!

곧 영국 의회는 인도에서 들어오는 염색 직물을 완전히 내쫓기 위해

다시 우리 시대가 오길!

점진적으로 관세를 인상한다.

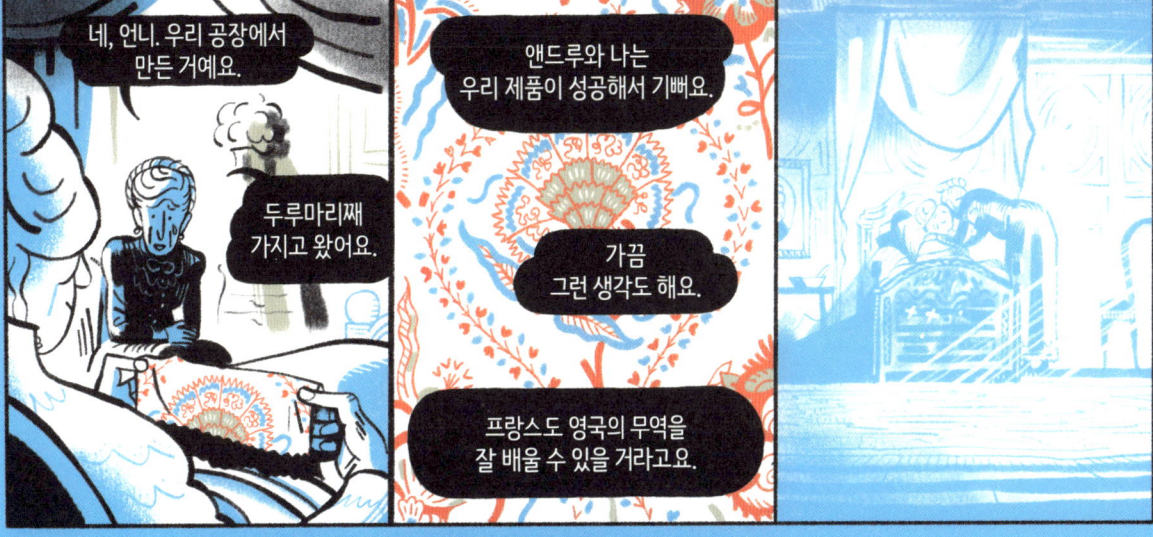

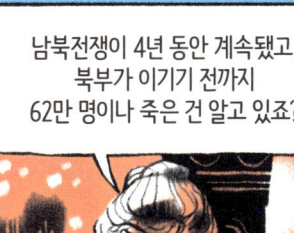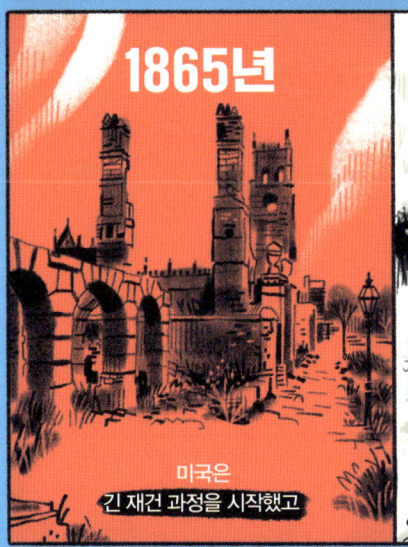

* 몇 달 후 취소된 이 약속은 국가 거짓말의 상징처럼 됐다.

* 엘리노어가 언급한 보고서는 실제로 너무 쉽게 무시됐다.

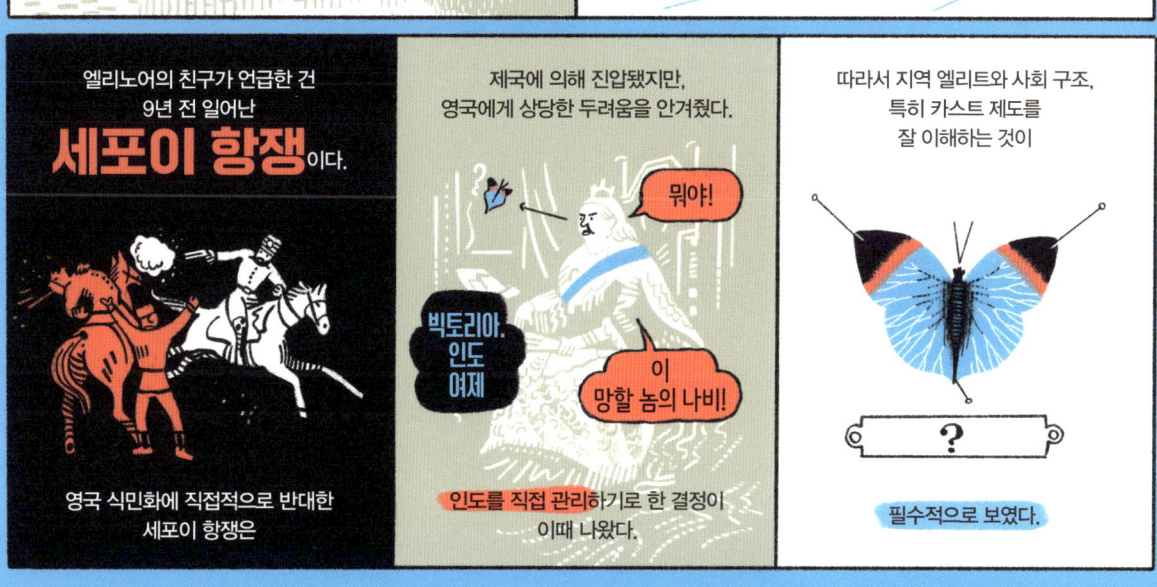

"카스트 제도가 미래 연대를 강화할 순 있겠지."

"또 다른 반란이 일어날지 누가 알겠어?"

"그러게."

이를 막기 위해 영국은 대규모 인구 조사를 시작했다.

인도 사회의 다양성을 이해할 수 있을 거라 생각하면서…

이때 두 가지 유형의 카스트를 참고했다.

वर्ण
바르나

그리고

जाति
자티

바르나

〈마누스므리티〉*에 등장하는, 힌두교 시스템의 4가지 주요한 기능적 계급을 말한다.

 ① 브라만 — 사제

 ③ 바이샤 — 농업, 상업, 수공업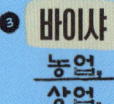

 ② 크샤트리아 — 군사

④ 수드라 — 가장 천한 직업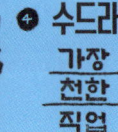

자티

지역마다 계급이 다른 직업 또는 문화 집단을 말하는데…

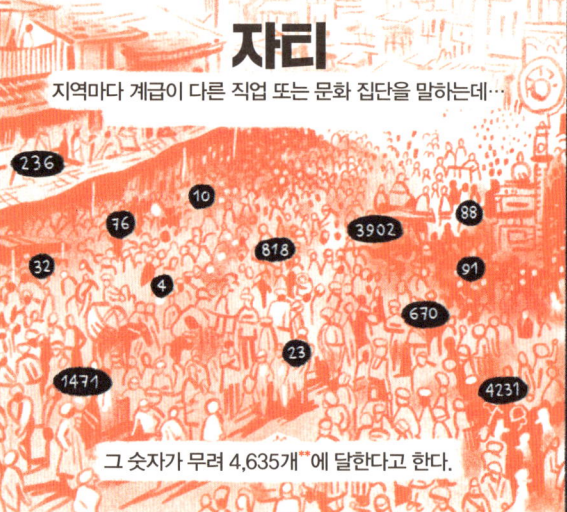

그 숫자가 무려 4,635개**에 달한다고 한다.

바르나가 나비의 색이고, 자티가 여러 색을 띤 무늬의 목록이라고 생각해보자.

하나의 자티에 하나의 바르나만 부여하는 건 불가능하다.

그런데 이게 바로 영국인들이 하려는 일이었다.

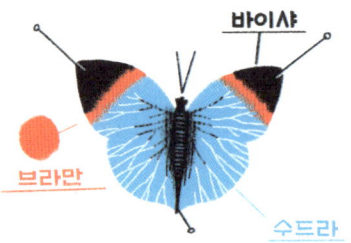

브라만 — 바이샤 — 수드라

인도 사회는 유연하면서도 얽히고설킨 수천 개의 계급과 정체성으로 조직되어 있었다.

모든 것을 단순화시킬 수 있다고 믿은 영국의 인구 조사는 역효과를 낳았다.

초보자를 위한 카스트 제도

"기존 관리 방식에 따라 카테고리가 더 엄격해졌어요."

* 산스크리트어로 쓰인 고대 인도의 법전.
** 1993년 인도 인류학 조사에 의한 결과다. 여기에 하위 카스트는 포함되지 않았다.

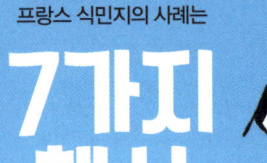

프랑스 식민지의 사례는
7가지 핵심
으로 요약된다(전부 다 언급한 건 아니다).

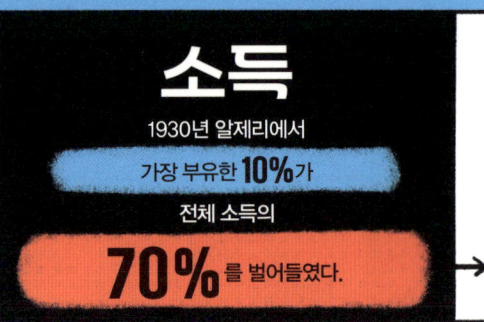

소득
1930년 알제리에서 가장 부유한 **10%**가 전체 소득의 **70%**를 벌어들였다.

여기서 가장 부유한 10%가 누구일까요?

→ (같은 시기, 프랑스 본토에서는 전체 소득의 50%였다.)

권리
법과 제도는 본국인에게 유리했다.

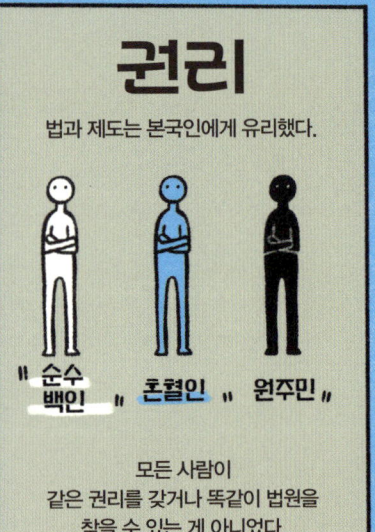

"순수 백인" "혼혈인" "원주민"

모든 사람이 같은 권리를 갖거나 똑같이 법원을 찾을 수 있는 게 아니었다.

노동 강요
프랑스령 아프리카에서는 1946년까지 철도 건설과 도로 정비를 위해 원주민이 무보수로 일했다.

노예가 아닌 게 확실하죠?

확실하고 말고요.

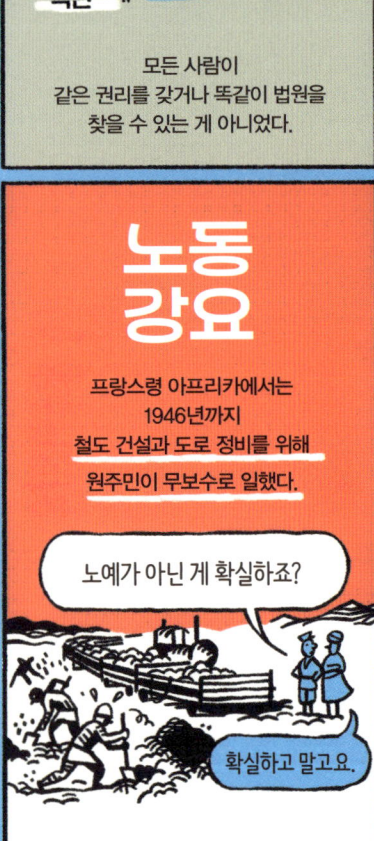

1937년

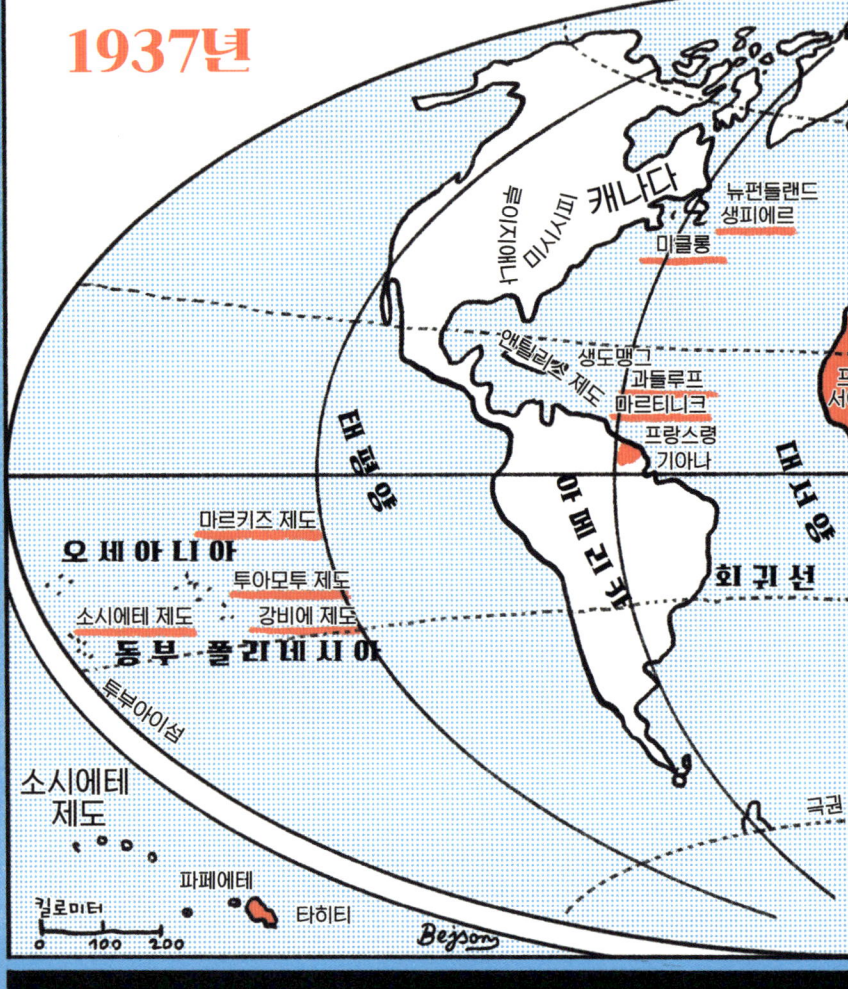

공공 비용
식민지에 있는 프랑스 관료의 수는 적었지만, 평균 지역 소득의 10배를 벌었다!

평균 지역 소득의 10배

  =

과세

식민지는 자급자족해야 했다.

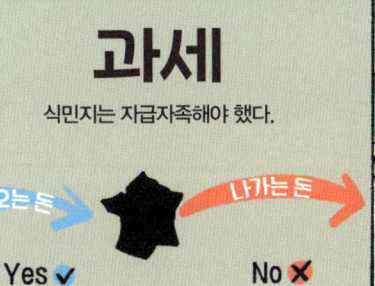

Yes ✓   No ✗

따라서 본국인의 생활은 대부분 현지의 세금으로 지탱됐다.

금융 자산

소유권 증서
식민지 가(街)

- 많은 프랑스인이 ─I
- 식민국 기업의 ─I
- 주식이나 ─II
- 채권을 ─II
- 보유했고 ─III
- 직접 투자를 했다. ─III

이 자산의 연간 수익률은 4%였다.

프랑스 식민지

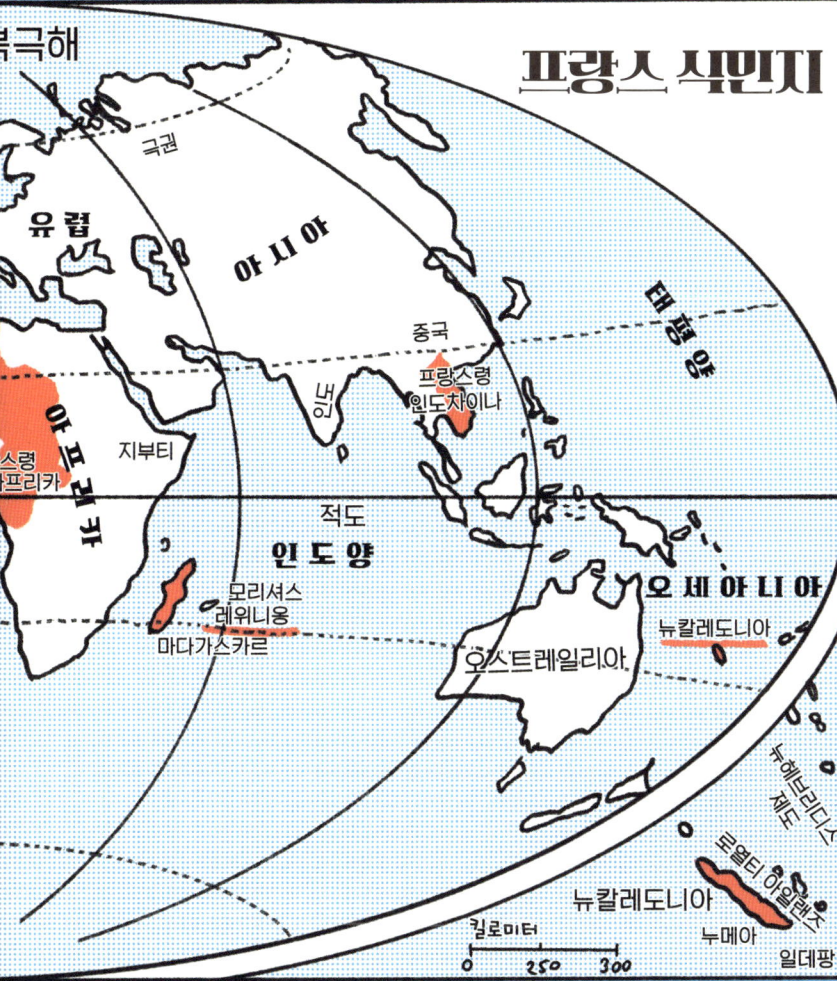

이 자산의 일부는 정확히 아이티 또는 프랑스와 영국 정부가 **이전 노예 소유주에게 지불한 배상금**에서 나왔다.

좋아요.

외국 자본에서 나온 수입은 프랑스에 **5%의 추가 국민 소득**을 안겨 주었다.

교육

1925년 모로코에서 유럽인을 위한 초등학교와 고등학교에 전체 교육 지출의 79%를 썼다.
겨우 4%의 학생을 위해!

 79%    4%

물론

식민지에서 일어난 모든 불평등은 중요한 흔적을 남겼다. 불평등은 지금도 프랑스와 해외 영토, 이전 식민지 국가와의 관계에 영향을 미치고 있다.

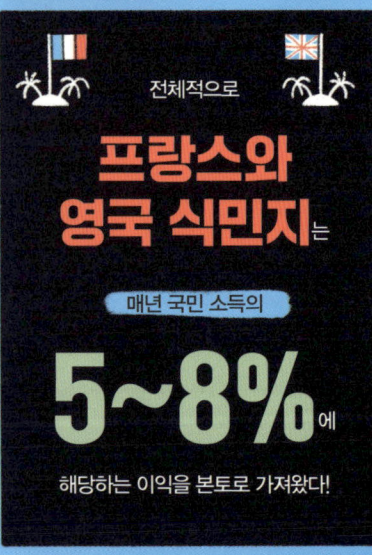

* 에드윈 R. A. 셀리그먼. 컬럼비아 대학교 경제학과 교수. 미국경제학회의 창립자.

1901년

질&루이즈

* 재산세, 개인 동산세, 영업세, 문과 창문에 대한 세금.

그렇다. 앙투안은 호기심이 많았지만 겨우 9살이었다.

하지만 앙투안도 그 뒷이야기에는 관심이 많을 것이다. 다른 프랑스인들처럼.

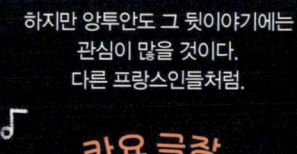

1914년 초, 입법 운동이 최고조에 달했다.

조제프 카요의 급진당이 승리했고 논쟁이 뜨거웠다.

과세와 징병에 대한 급진당의 주장은 우파 사람들을 화나게 했다.

카요는 누진 소득세 외에도

독일과의 분쟁이 한창인 상황에서 군 복무 단축을 지지했다.

〈르 피가로〉의 편집국장과 공모한 우파는 그들이 할 수 있는 모든 걸 시도했다.

가스통 칼메트

카요에 대항하는 총 110개의 기사, 그림, 칼럼 게재 등… 3개월 동안이나!

카요는 전처가 무대에 등장할 때까지 꿋꿋이 버텼다.

베르트 게이당

몇 년 전, 카요는 정부인 앙리에트 클라르티와 결혼하기 위해 베르트의 곁을 떠났다.

그러자 베르트는 음모를 꾸몄다.

어떻게 손에 넣었는지는 모르지만 베르트는 전 남편이 쓴 편지를 갖고 있었다.

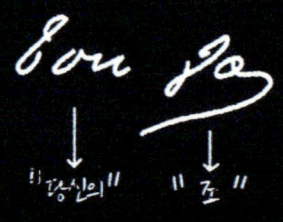

"당신의" "조"

'당신의 조'라고 서명된 편지였는데, 그건 카요가 아직 결혼 생활 중이었을 때 정부에게 보낸 것이었다.

〈르 피가로〉가 마침 '안티 카요' 캠페인을 시작한 때였다.

베르트는 남편에게 복수했다.

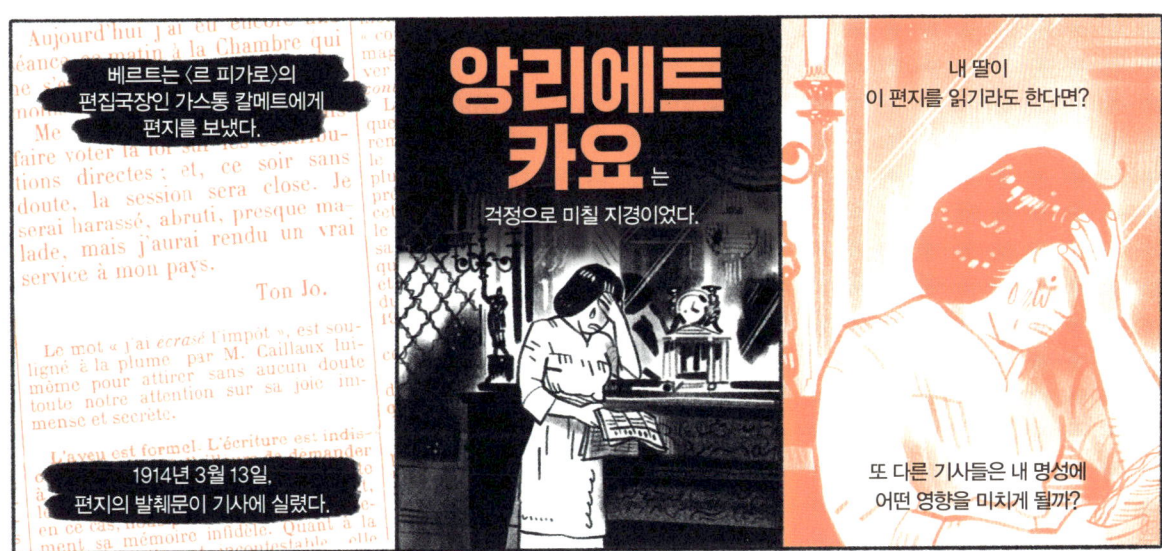

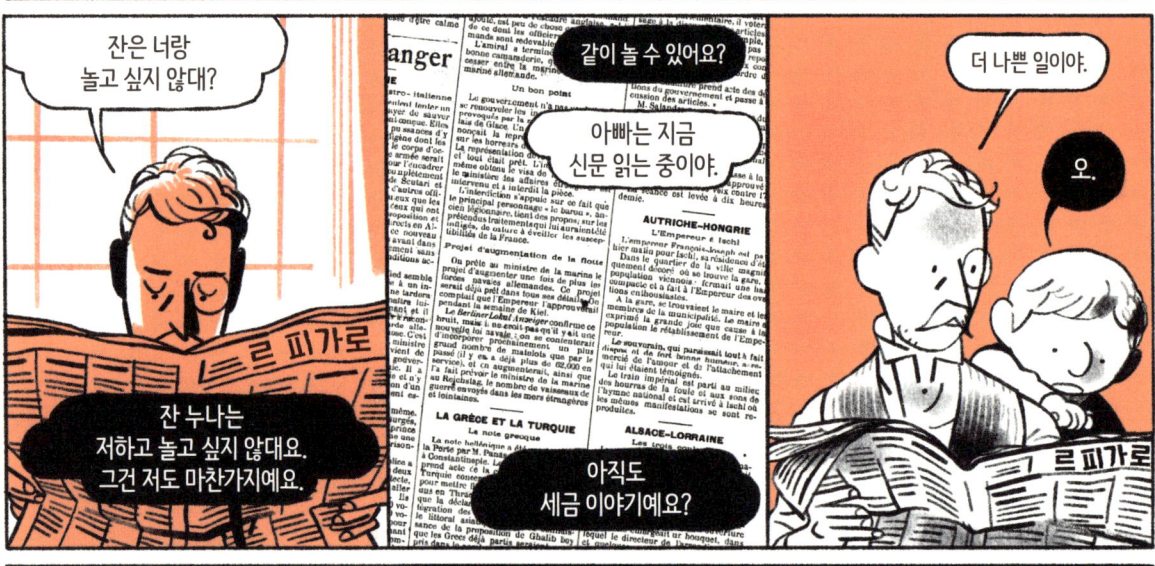

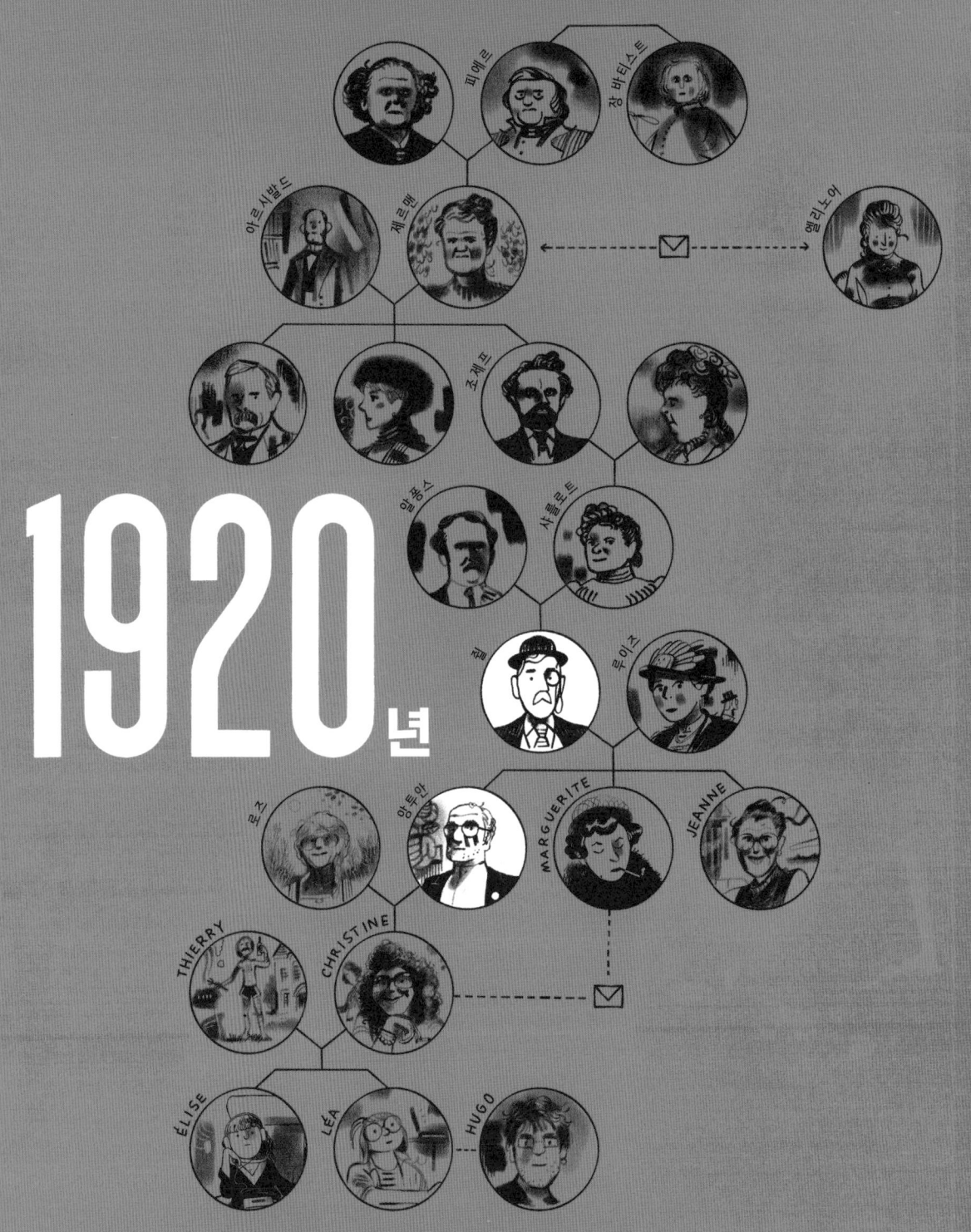

1920년

오늘은 쥘과 루이즈, 잔과 앙투안이 마르게리트의 두 번째 생일을 축하하는 날이다.

에르네스트는 몇 시에 도착한대?

12시요!

그들은 파리 중심부 고급 저택에 살고 있었다.

쥘은 전선에 나가지 않았고, 가정은 새 아이를 얻었다.

이들의 평온은 세계대전 이후 프랑스에서 매우 드문 일이었다.

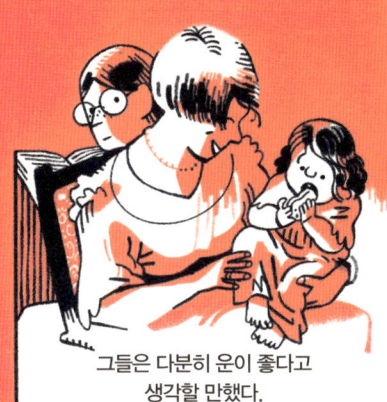

그들은 다분히 운이 좋다고 생각할 만했다.

대부분의 집과 마을, 사람까지 파괴된 상태였기 때문이다.

국가의 첫 번째 사업은 재건이었다.

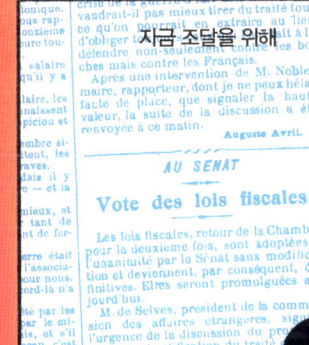

정부는 소득세율을 대폭 올렸다.

쥘은 깜짝 놀랐다.

50%?!*

말도 안 돼!

이것들이 미쳤나!

최근 의회는 그 어느 때보다

의원
군인

의회에는 '청회색'이라는 별칭이 붙었다.

우파 쪽으로 치우쳤다.

* 실제 의회는 50%보다 높은 세율에 투표했다(가장 높은 구간).

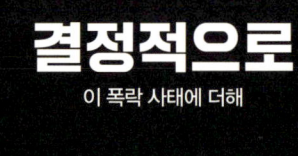

* 사회당. 국제노동자동맹 프랑스 지부.
** 100주년을 맞은 좌파 분열의 전통이 시작됐다.

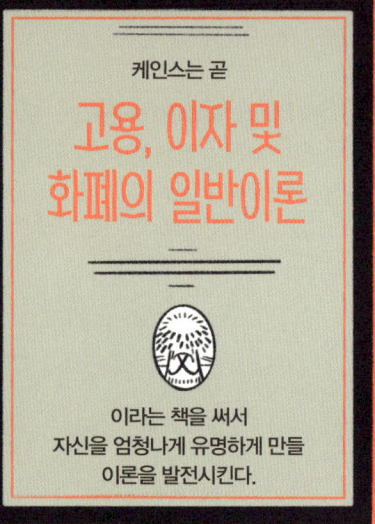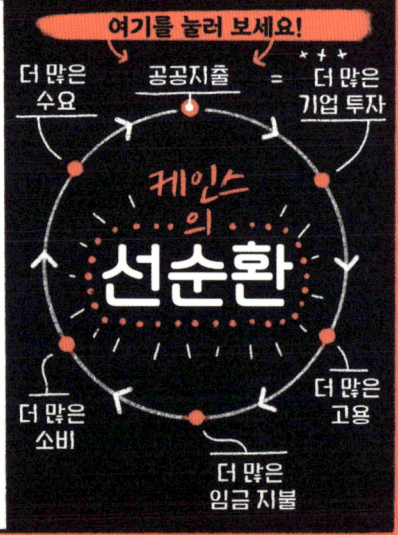

그럼 수요는 어떻게 촉진할까?

국가는 공공지출, 교통, 인프라 구축 등

활동을 이끌어낼 모든 걸 늘려야 합니다!

하지만 사람들이 소비를 해야 하니 세금은 인상하지 않습니다!

세금 징수 인상 없이 정부 지출이 증가한다.

이건 결국…… 공공 적자를 만드는 길이다.

부채에서 창출되는 적자죠!

오늘날 이 이론을 케인스주의라고 부른다.

그의 이론은 영국 노동당, 미국의 뉴딜 정책,

월드 투어
선순환
존 M. 케인스
- 매진 -

사회민주주의 영화관

이후 다가올 대부분의 사회민주주의 정책에 영감을 주었다.

아빠는 여기서 어떤 점이 마음에 들었어요?

기사 마지막 부분 읽어봤니?

아직 다 읽은 건 아니에요.

진보주의자들이 그의 이론을 그토록 사랑하지만, 일상에서 케인스는 자유주의자다…

… 그는 결코 노동당에 투표하지 않을 거라 단언한다!

그런데 케인스는 왜 노동당원에 대해 이렇게 말했죠?

TCHICATCHIKATCHIKA TCHICATCHIKATCHIKA…

노동당원들은 충분히 교육받지 못했고, 신뢰할 만한 경제학자도 충분하지 않다고 생각했기 때문이지.

아빠가 이 기사를 나한테 읽으라고 한 이유라는 거죠?

여기요.

앙투안은 기분이 복잡했다. 새로운 정세는 그에게 열정을 주었지만,

이로 인해 아빠와 더 멀어질 거라 생각했다.

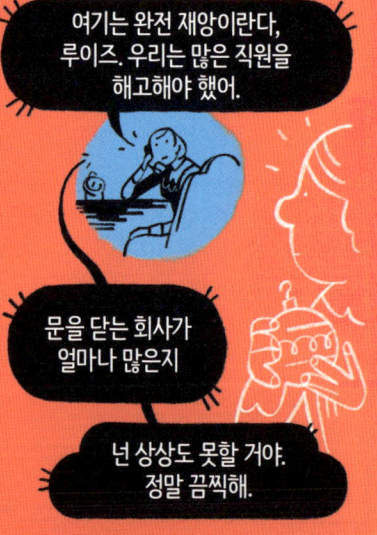

미국을 강타한
대공황은
다른 부자 나라까지 퍼져나갔다.

1932년
미국, 영국, 프랑스, 독일

실업은 경제활동 인구의 4분의 1에 피해를 입혔다.

눈사태처럼 쏟아지는 나쁜 소식은 두 자녀의 출가 이후

완전히 회복되지 않은 루이즈의 사기를 짓눌렀다.

11월 8일, 아버지의 나라로부터 작은 선물이 도착했다.

"프랭클린 루스벨트가 미국 대통령으로 당선되었습니다!"

"하느님 감사합니다!"

"드디어 좋은 뉴스가 나왔네."

루스벨트는
뉴딜의 남자였다.

"네," "접니다."

루이즈의 아버지와 업계에서도 지지하는 사람이었다.

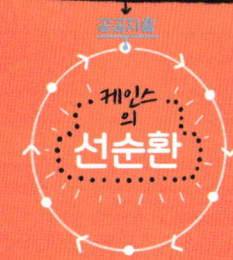

민주당의 새로운 대통령은 약속한 주요 사업과 사회 정책에

여기를 눌러 보세요!

케인스의 **선순환**

자금을 조달하기 위해 자원이 필요했다.

소득과 상속에 대한 연방세는 여전히 존재했다.

루스벨트는 그 누구보다 최고세율을 부과해 연방세를 강화할 것이다.

최고 소득에 적용되는 세율은 평균 81%,

81% NEW RECORD!

최고 상속 세율은 75%가 될 예정이었다.

75% NEW RECORD!

이 세율은 1980년대까지 달라지지 않는다.

"루스벨트 당선? 이제 좀 괜찮아?"

"그럼요!"

"앙투안은 이제 여자친구를 소개해 줄 거고, 모든 게 좋아지겠죠."

1939년 9월
독일이 폴란드를 침공했다. 제2차 세계대전의 시작이었다.

RÉPUBLIQUE FRANÇAISE

MÉTROPOLE

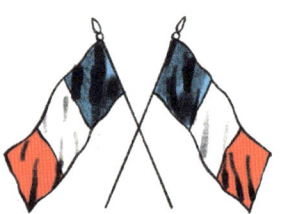

일반 동원 명령

Par décret du Président de la République, la mobilisation des armées de terre, de mer et de l'air est ordonnée, ainsi que la réquisition des animaux, voitures, moyens d'attelage, aéronefs, véhicules automobiles, navires, embarcations, engins de manutention et de tous les moyens nécessaires pour suppléer à l'insuffisance des moyens ordinaires d'approvisionnement de ces armées.

LE PREMIER JOUR DE LA MOBILISATION GÉNÉRALE EST LE *Samedi deux septembre* 1939

Tout Français soumis aux obligations militaires doit, sous peine d'être puni avec toute la rigueur des lois, obéir aux prescriptions de son **FASCICULE DE MOBILISATION**.

Sont visés par le présent ordre **TOUS LES HOMMES** non présents sous les Drapeaux et appartenant aux **ARMÉES DE TERRE, DE MER ET DE L'AIR**, y compris les **INSCRITS MARITIMES**, les hommes appartenant aux **TROUPES COLONIALES** et les hommes du **SERVICE AUXILIAIRE**.

Les Autorités civiles et militaires sont responsables de l'exécution du présent décret.

Le Ministre de la Guerre   Le Ministre de la Marine    Le Ministre de l'Air

전쟁은 6년 동안 지속됐고, ==7천만 명의 사망자가 발생했다.==
1945년 8월 15일 일본의 항복*으로 제2차 세계대전이 막을 내렸다.

* 원서에는 일본이 공식적으로 문서에 서명한 1945년 9월 2일로 표기되어 있다.

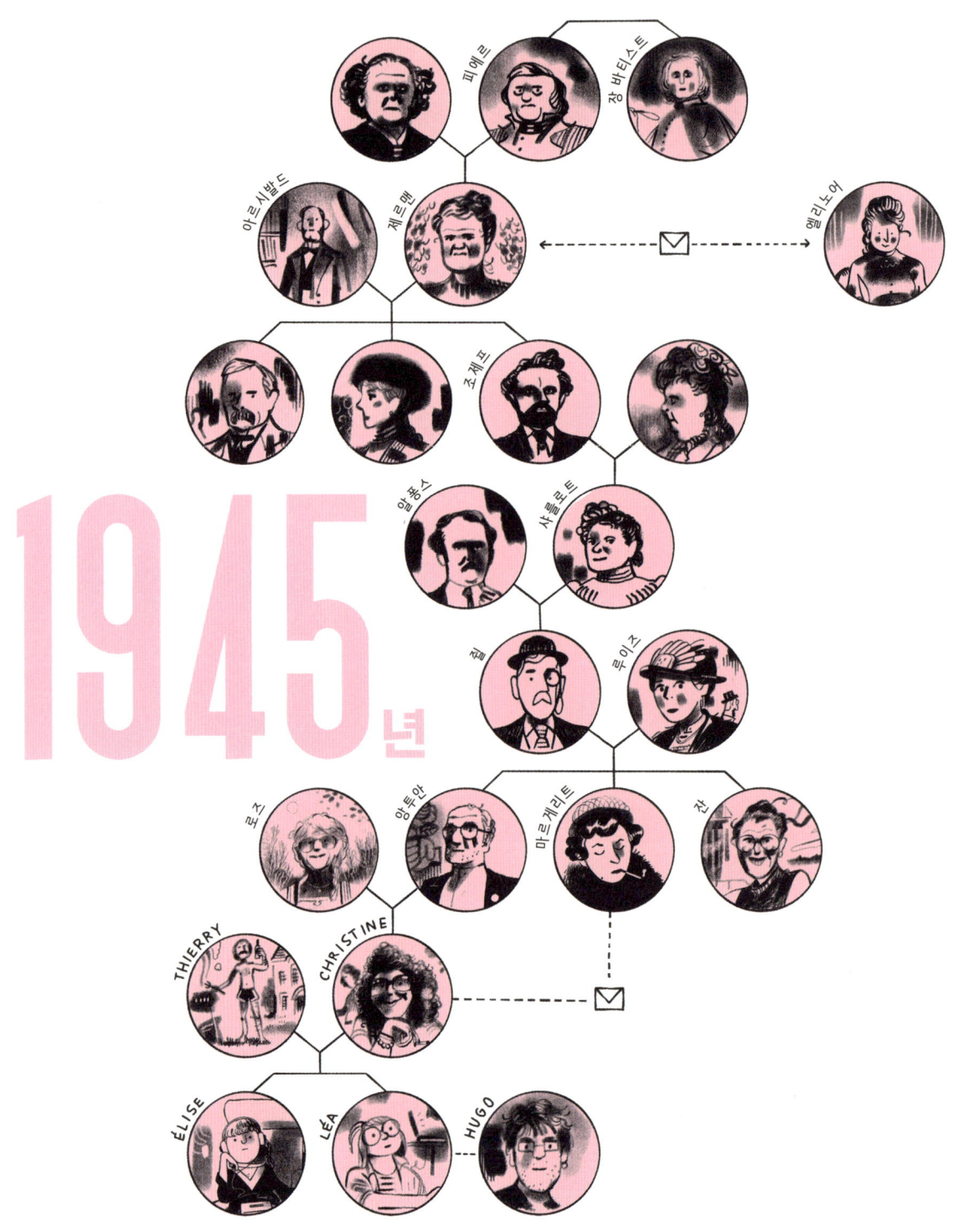

에르네스틴 & 게랑 가족

* 이 가격은 이해를 돕기 위해 단순화한 것이다.

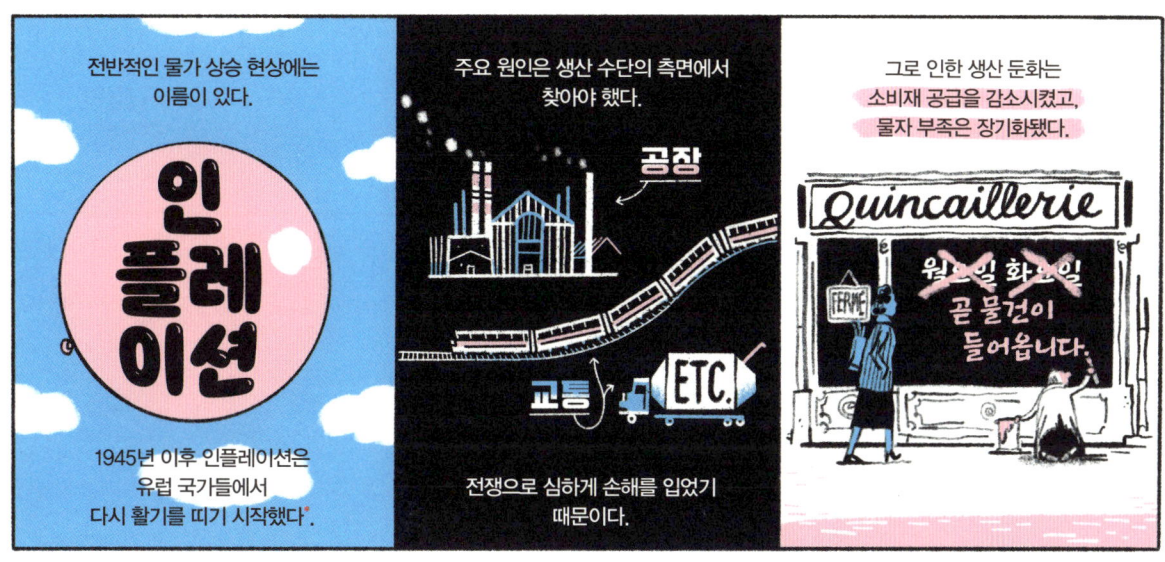

* 제1차 세계대전 이후와 마찬가지로.

국가의 가장 중요한 숙제다.

국가는 매우 높은 인플레이션에 기댈 것이다. 1945년에서 1949년까지 매년 **50%** 상승하는 바로 그 인플레이션!

이 흐름에서 누군가는 피해를 입을 것이다.

회수할 금액보다 더 많이 빌려준 **채권자.** 그리고…

저축의 가치가 줄어드는 모습을 지켜보는 **예금자.**

특히 소액 예금자들이 더 그렇다.

복잡한 금융 자산에 투자하지 않고

은행이나 비밀 장소에 돈을 넣어둔 사람 말이다.

에르네스틴과 그녀의 어머니처럼.

부채를 줄이기 위해 인플레이션을 그냥 내버려 두는 건 사회적으로 매우 불공평한 일이다.

* 19세기 말의 지배적인 국가들.

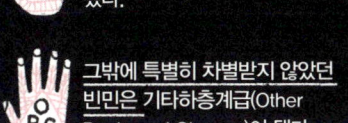

* 최대 50% 정도.

43년 후, 이러한 논쟁을 통해 새로운 규정이 탄생했다.

바로 크리미 레이어다. 문자 그대로 '크림 층'을 뜻하는 이 단어는 "Couche de crème" 기타하층계급 중 가장 특혜를 많이 받은 계층을 가리킨다.

대법원은 1993년 쿼터 적용에 대한 새로운 기준을 도입한다.

기타하급계층이 어느 정도의 연간 소득 기준을 초과하면 더 이상 자격을 주지 않는 것이다.*

그래서 대법원은 법규에 따라 오래전부터 있어왔던

대법원의 상징

이 차별이 언제까지고 보상을 정당화할 수 없다는 평가를 내릴 작정이었다.

잔, 고마워. 괜찮니?

응, 장례는 사람을 쥐어짜는 것 같아!

근데 말이야. 아르카숑에 있는 저택, 그거 위탁관리 맡긴 거야?

응, 아버지가 서류 쓰는 걸 도와 드렸었어.

아버지는 말년에 지독한 피로에 시달리셨지.

아르카숑 집은 우리 가족의 유산이야. 우리가 더 이상 거기에 가지 않는다 해도 유산을 낭비해야 한다는 뜻은 아니지.

투케 집은 어떻게 할래, 앙투안?

넌 유지비가 비싸다고 생각하지? 비싼 건 사실이야.

그게...

하지만 그곳은 우리 가족의 버팀목이야.

* 이 규정은 2018년 지정카스트와 지정부족 카테고리까지 확장됐다.

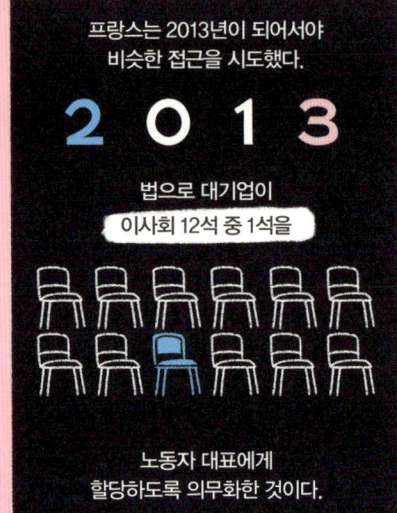

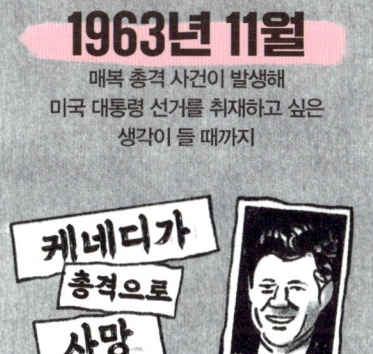

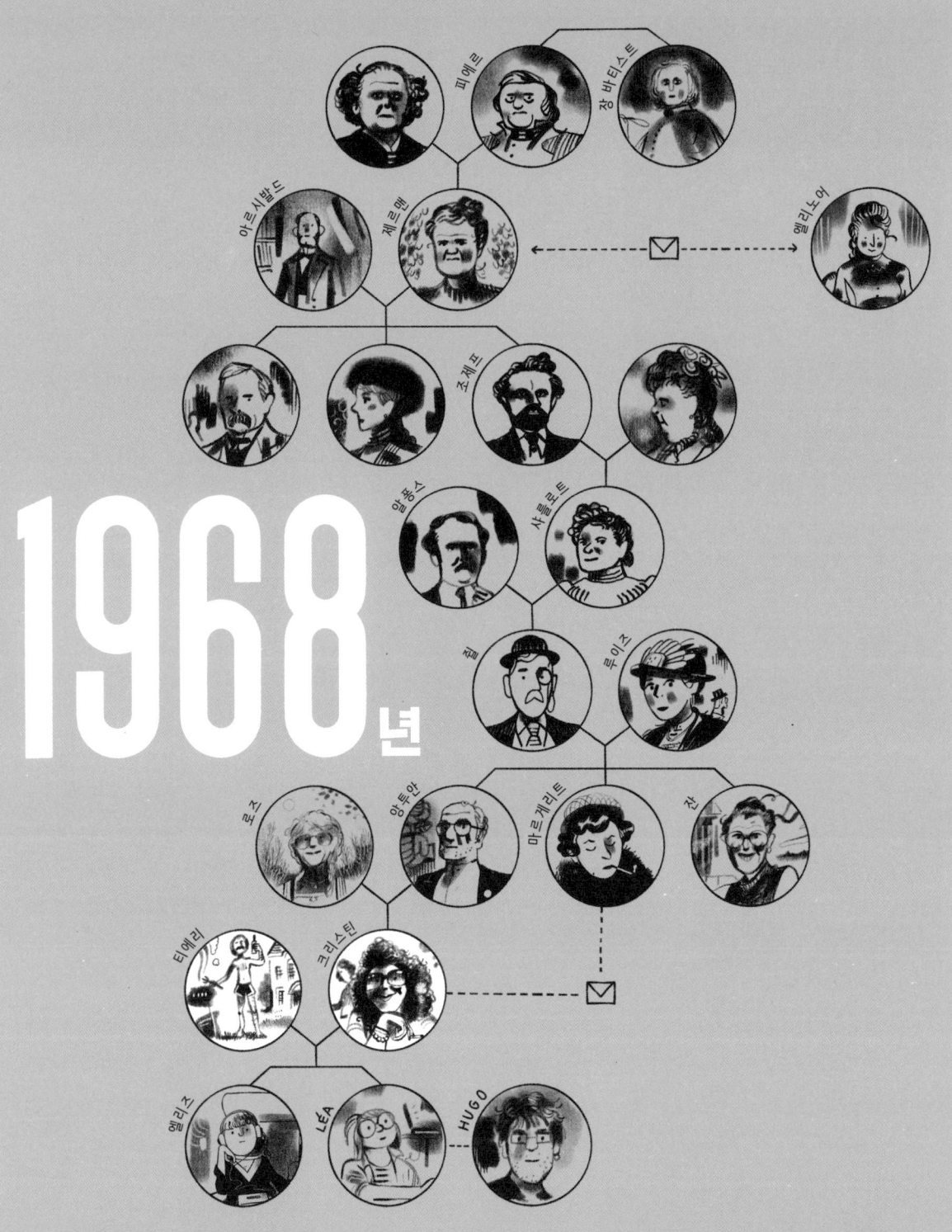

1968년

크리스틴 & 티에리

1950~1980년

사회적 지위가 낮은 사람들이 좌파 정당에 투표하는 경향이 있었다.

정치적 갈등 구조는 계급주의적이었다. 사회계급이 대조를 이룬 것이다.

좌파
노동자들과 저학력자들의 진영.

우파
소유자 또는 소득이 높은 사람들.

1980년 이후

선거에서 좌파는 점차 고학력자들의 정당으로 변모했다.

특히 임원과 인텔리의 정당이었다.

이러한 변화를 **교육 격차의 반전**이라고 한다.

이러한 현상은 교육 수준 상승과 어깨를 나란히 했고,

모든 서구 민주주의 선거에서 볼 수 있었다.

🎵 난 당신에게 프러포즈하지 않는

🎵 영광을 누려요~ 🎵

🎵 양피지 아래 우리 이름을 새기지 말아요. 🎵

크리스틴과 티에리에게 이 새로운 사회적 혼합은 **원활하게 진행되고** 있었다.

* 걱정 마세요. 20쪽 정도 지나면 다시 설명합니다.

* 99쪽을 기억해보세요!

실은 잘 되지 않았다.

한 걸음 물러서서 보면 이 사실을 확인할 수 있다.

이 정책은 작동하지 않았다.

로널드 레이건 집권 이후 **30년 동안**

미국의 사회 및 경제 상황은 매우 악화됐다.

1인당 국민 총소득의 증가율은

레이건 이전
레이건 이후
(제로)

반으로 줄었다.

그리고 불평등이 급증했다.

물론 소득 하위 50%가 가장 고통받았다.

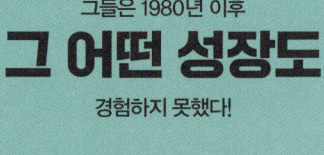

그들은 1980년 이후 **그 어떤 성장도** 경험하지 못했다!

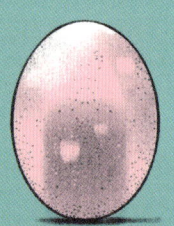

미국을 다시 가난하게

빈곤층의 침체는 미국 역사상 전대미문의 일이었다.

그 침체가 다음과 같은 상황을 기대한 것이 아니었다면 말이다.

- ☑ 재산 집중
- ☑ 불평등 증가
- ☑ 공공부채 증가
- ☑ 국민 빈곤

아, 이게 아니었나요?

잘못 이름 붙인 '보수혁명'은 쓴 실패였다.

어… 음?

아무튼 그랬다.

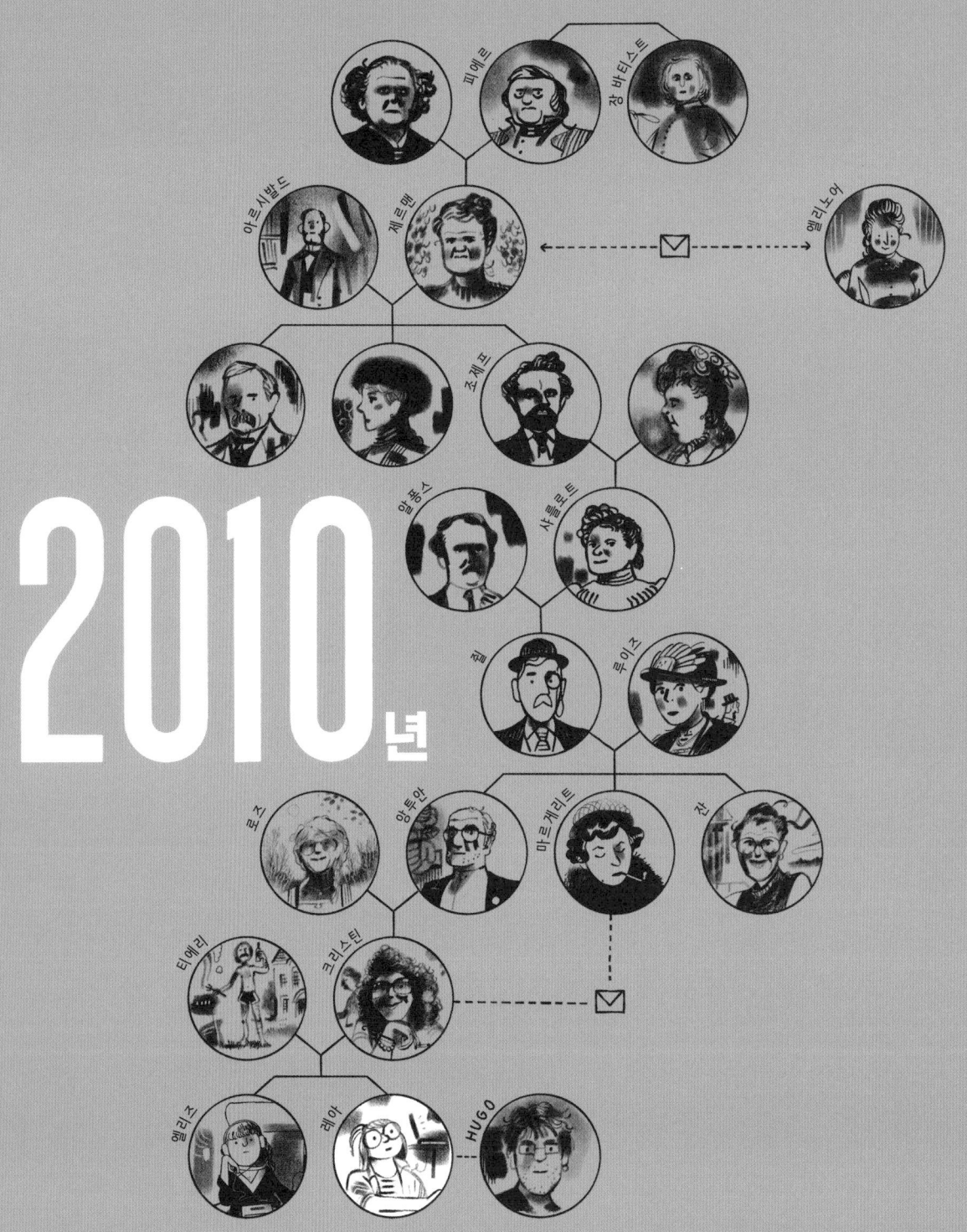

2010년

레아

* 최종 득표율은 51.64%였다.

* 인도 시스템에서 브라만은 전통적으로 사제와 교수 계급이다.

* 공화당에서 가장 우파적인 파.

* 물론 그런 건 한 번도 존재한 적 없다.

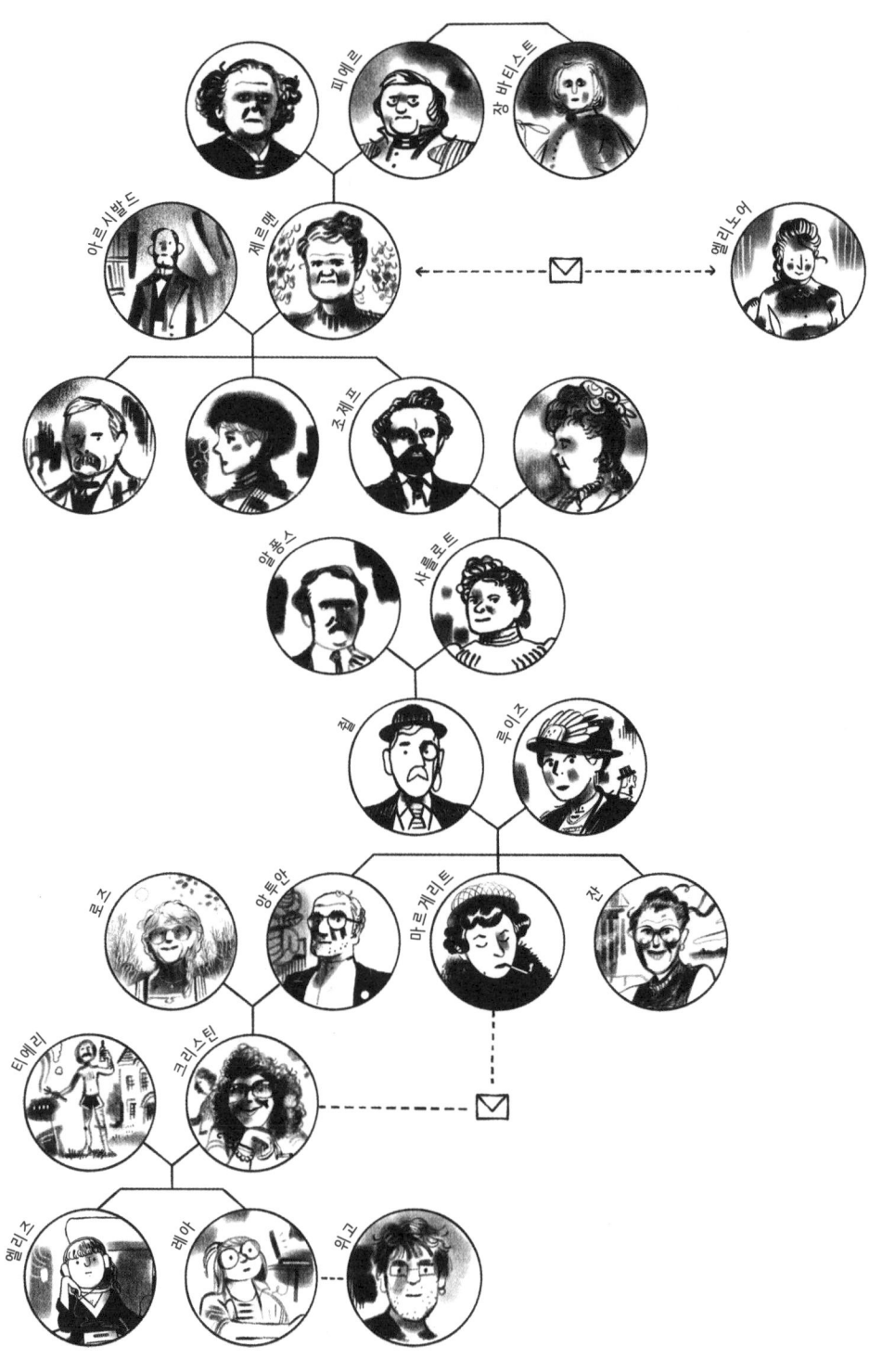

레아 & 위고

* 여기에서 기업 자본은 토지, 부동산 같은 다른 유형의 자본과 구별한다.
** 2010년과 2016년 사이 서구가 얻은 이익은 동구 국가 GDP의 4~7%에 해당하는 금액이었다.

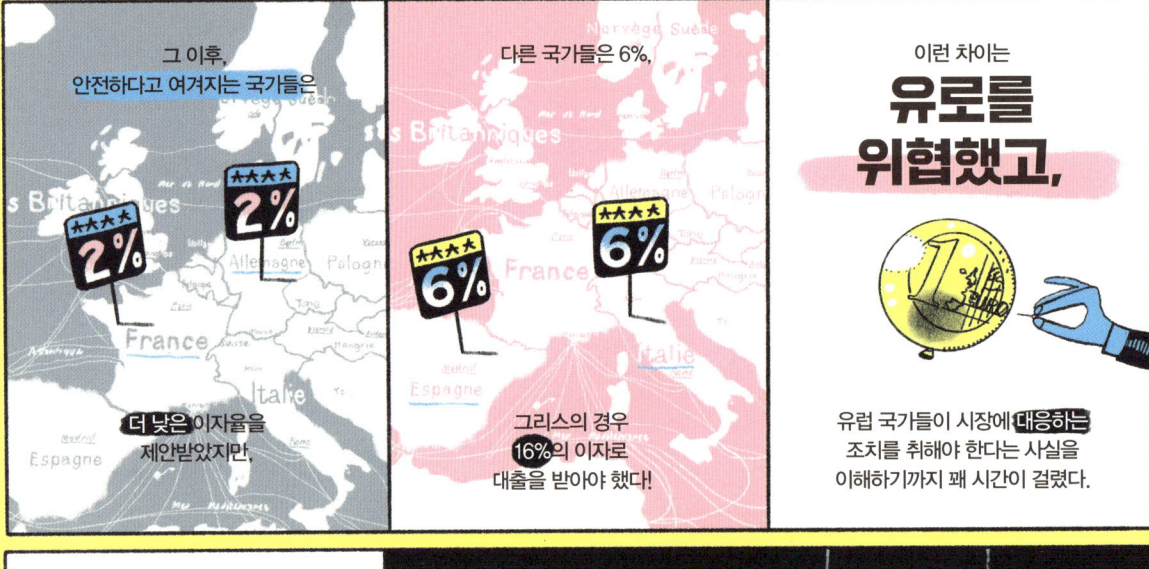

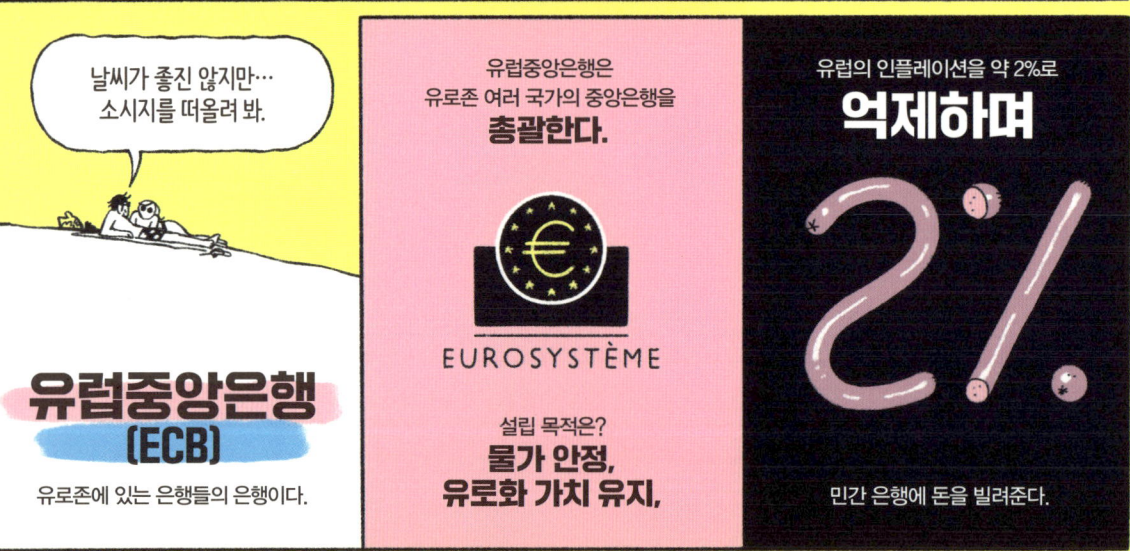

* 이게 어떻게 가능할까 알아보려면, 166쪽 제안 3을 참조하세요.

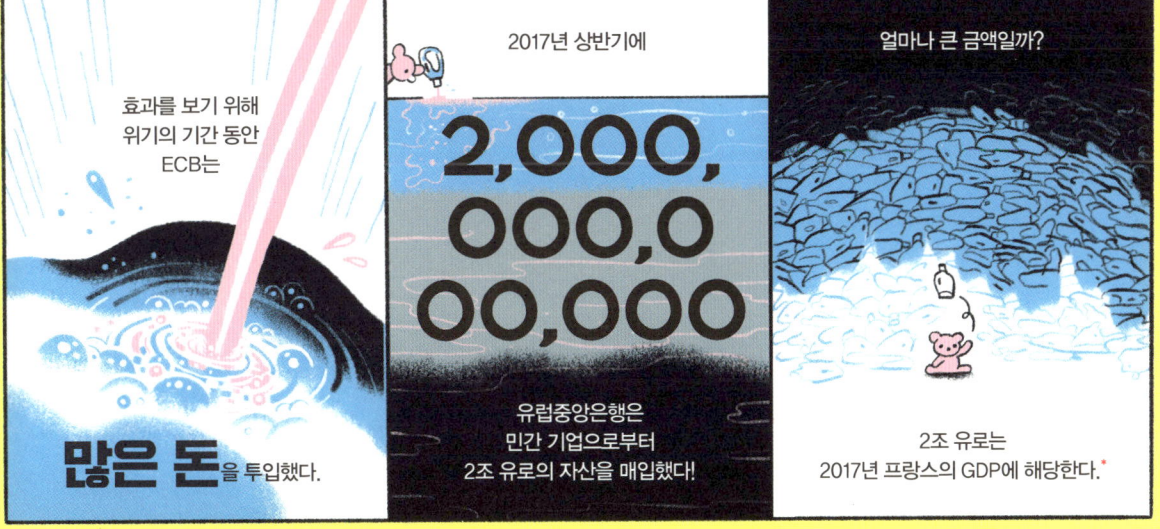

* Insee(국립통계경제연구소)에 따르면 2조 2,917억 유로.

한번 볼까?

이 기간 동안 '비관례적으로' 창출된 화폐는

3% & 3X

매년 유럽 GDP의 3%, 유럽연합 운영 예산의 3배에 달한다.

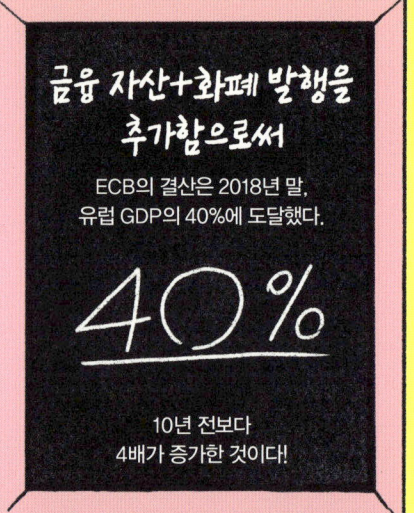

금융 자산+화폐 발행을 추가함으로써

ECB의 결산은 2018년 말, 유럽 GDP의 40%에 도달했다.

40%

10년 전보다 4배가 증가한 것이다!

아무것도 이해할 수 없다면 다음의 사실만 기억하자.

유럽중앙은행이 유럽에서 유일하게 권력을 가진 연방 기관이라는 것을.

장점은 은행 파산의 피해를 줄여준다는 것이다.

경기 침체는 대공황이 될 수도 있었다.

단점은 다른 일을 할 수 없기 때문에

소비하세요!

밀어붙이기에 지나지 않는다는 것이다.

위기에는 경제적 측면뿐만 아니라 정치적, 사회적, 사회 구조적인 측면도 있다.

아, 전 이만 가볼게요. 죄송해요.

중앙은행이 모든 문제를 해결할 수는 없다!

* 미국의 사진작가 도로시아 랭의 〈Migrant Mother〉는 1930년대 대공황을 상징하는 작품이다.

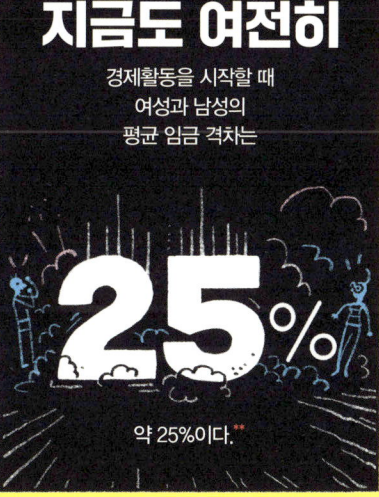

* 부르주아와 중산층.
** 동등한 자격 조건일 때.

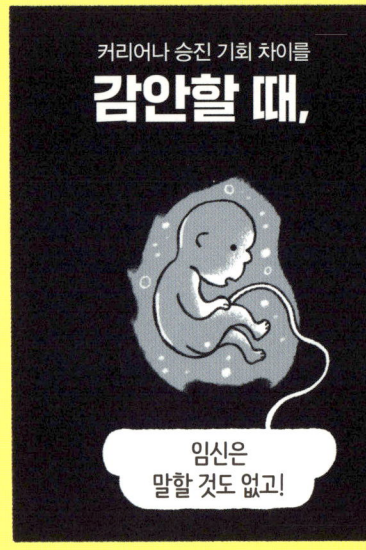

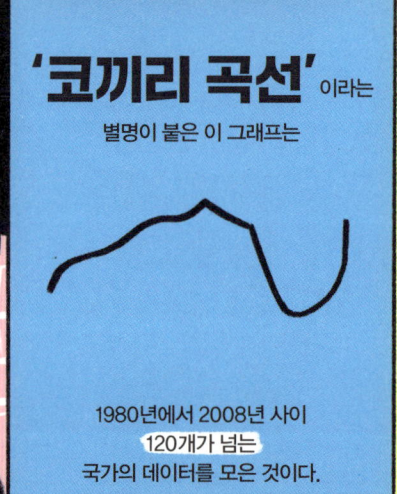
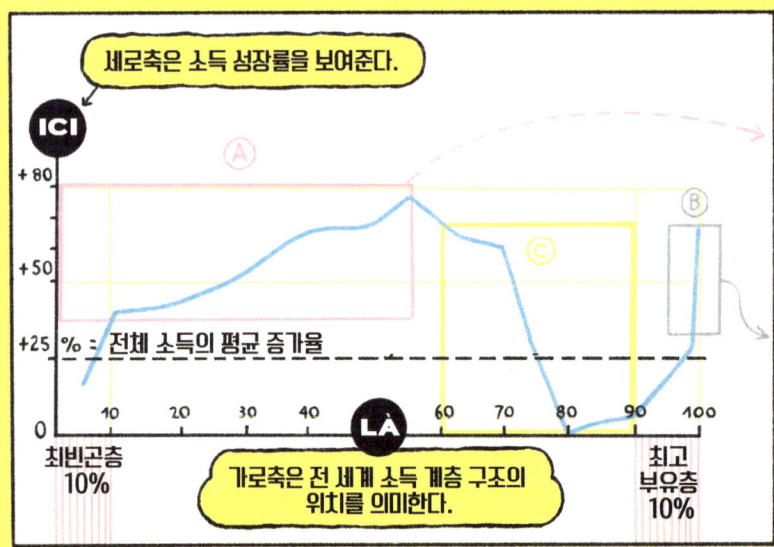
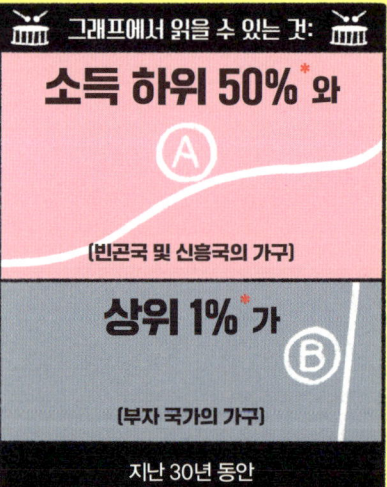

* 이것은 전 세계 계층 구조에서의 위치임을 말씀드립니다.

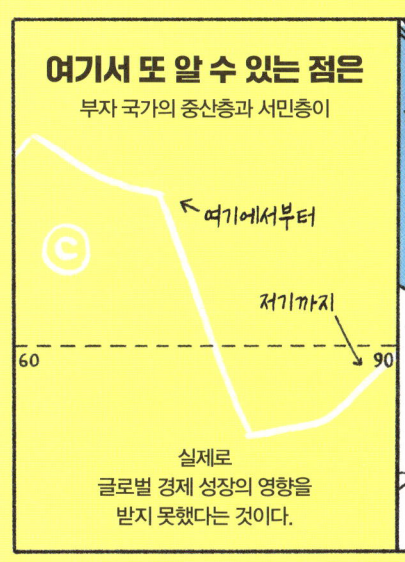

2016년

위고가 떠난 뒤 레아

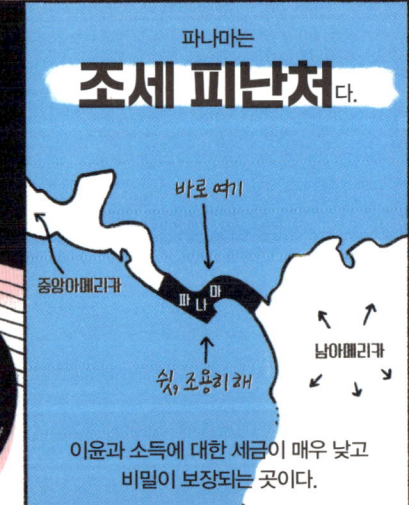

* 국제탐사보도언론인협회: International Consortium of Investigative Journalists(ICIJ).

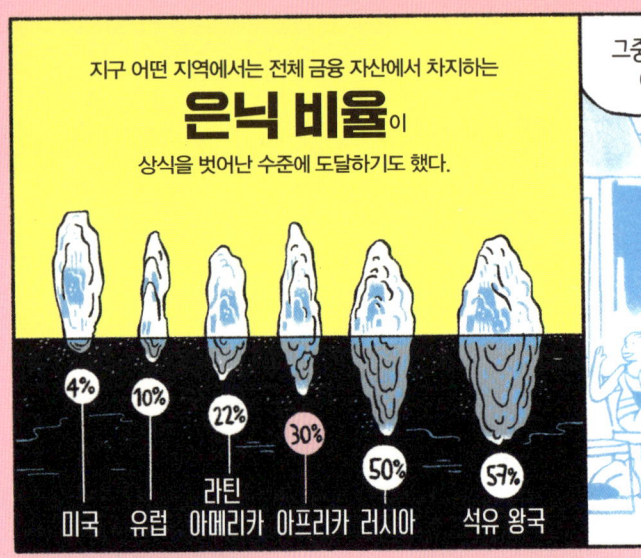

* 2022년 7월, 116개의 금융 관할 기관에서 정보자동교환을 채택했다.
** 금융 재산은 자산(주식, 채권 등)과 이 자산에서 발생하는 수익으로 구성된다.

* 파리 기후변화협정 서명.
** 기상 이변에 대처하기 위한 제안은 170쪽 참조.

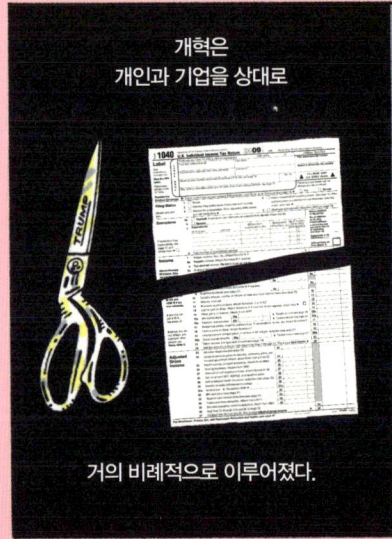

* 의회의 계산에 따르면, 10년 동안 1조 4,500억 달러(1조 2,250억 유로)로 추산된다.

뻔한 얘기지만 꼭 이야기할 것이 있다.

최근 추세는 가장 부유한 사람들의 세금을 올리지 않는 것이죠.

같은 논리가 유지된다.

유럽중앙은행은 지금도 아주 너그럽게 양적완화**를 시행하고 있다.

화폐를 창출해서 경제를 활성화하는 나무랄 데 없는 방법이다.

에, 이게 무슨 일이야.

우리는 팬데믹이 기승을 부릴 때 그 자리에 있었다.

코로나19는 2020년 초 세계를 휩쓸었다.

대부분의 국가가 빠르게 **위기**에 빠졌다.

정부와 중앙은행은 새로운 긴급 조치를 시행했다.

 크리스틴 라가르드 @Lagarde

특별한 시기에는 특별한 조치가 필요합니다.

3623 1122 7163

유럽중앙은행 총재인 크리스틴 라가르드는 스파이더맨처럼 트윗을 날렸다.

유럽중앙은행과 동일한 기능을 수행하는 미국의 연방준비제도(FED)가 움직이기 시작했다.

"특별한 조치라 할 수 있죠." 네, 대단하네요.

그들은 대규모 추경을 발표했다.

유럽중앙은행은 7,500억 유로 투입을 시작으로,

7,500

2년 후 투입 금액이 1조 8,500억 유로에 도달할 때까지

1조 8,500

이 조치를 계속했다.

새로운 계획의 목표는 무엇이었을까?

 크리스틴 라가르드 @Lagarde

음, 지난번과 같아요.

0 0 1

 크리스틴 라가르드 @Lagarde

팬데믹으로 침울해진 경제활동을 지원하기 위해

공공 및 민간 채권을 사들인 거예요.

계속해서요!

* Captain Obvious : 너무 당연한 사실을 말하는 사람.
** 135쪽 참조.

* 출처: 세계은행 데이터 블로그.

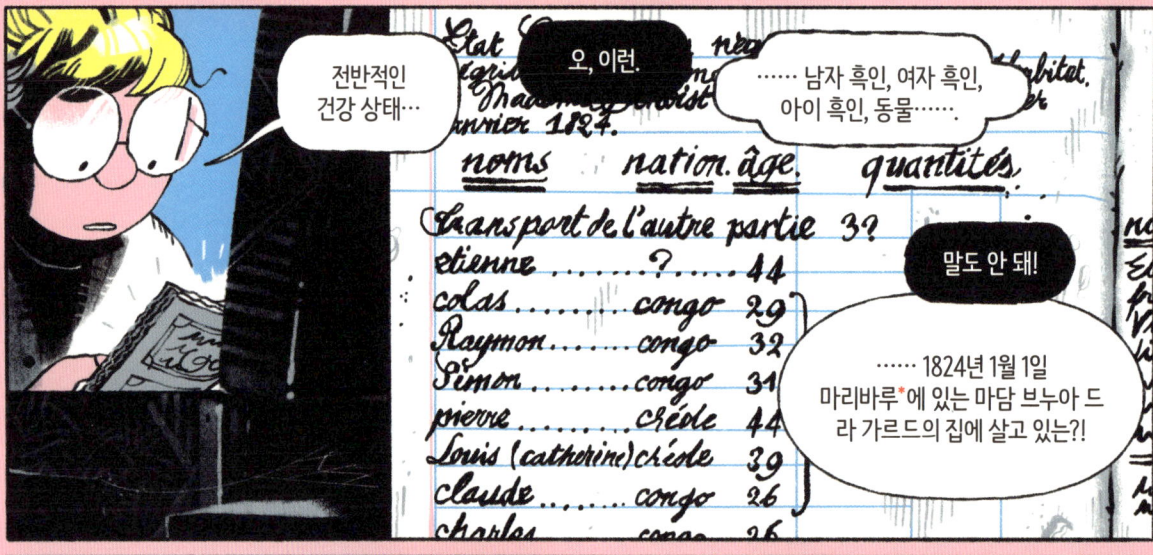

* 생도맹그의 고뭔.

* 소득세와 상속세.

* 영국의 경제학자. 앤서니 앳킨슨의 《불평등을 넘어》를 참고해 보세요.

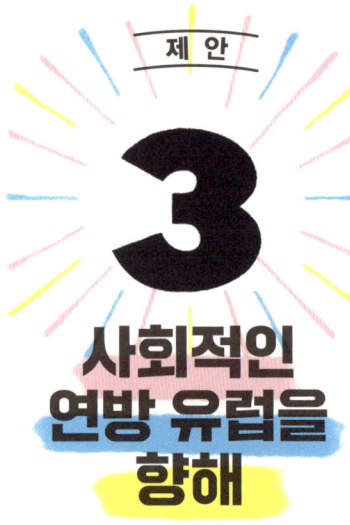

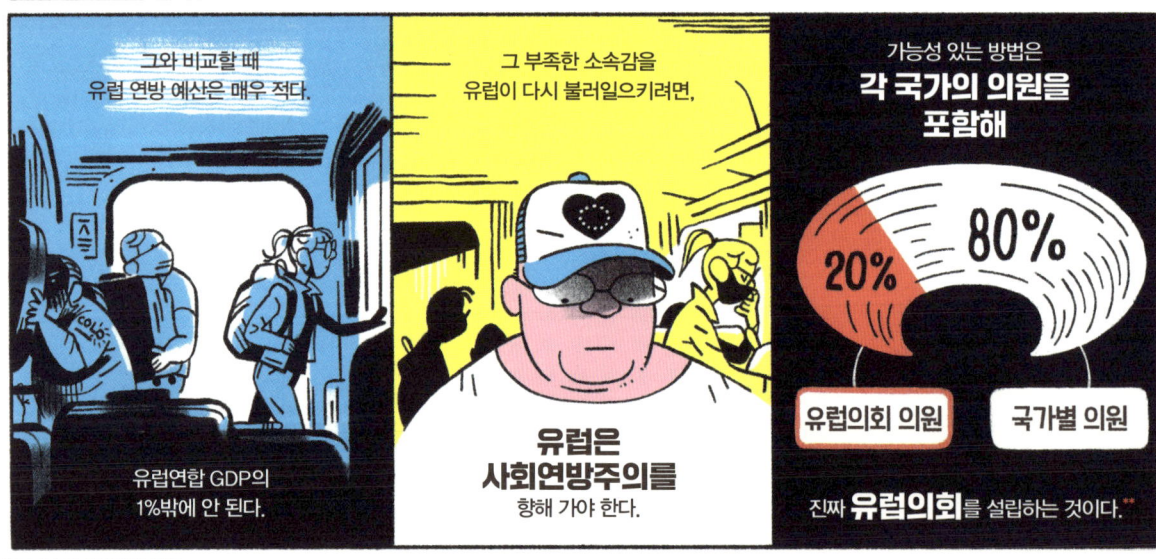

* 프랑스의 유럽연합 탈퇴.
** 토마 피케티가 지지한 T-Dem(유럽연합의 민주화를 위한 선언)에서 권장한 것처럼.

아이디어는 네 가지 주요 공동 세금의 채택 권한을
유럽 의회에 양도하는 것이다.

- 고재산에 대한 세금
- 고소득에 대한 세금
- 회사 이익에 대한 세금
- 공동 탄소세

이 네 가지 세금은 **유럽연합 GDP**의 4%의 수입을 제공해주어 다음과 같은 곳에 사용될 수 있다.

절반은
각 국가 예산에 다시 쏟아붓는다.

그러면 서민층과 중산층의 과세 부담을 낮출 수 있다.

나머지 절반은
공동 투자 예산이다.

에너지 전환, 연구, 교육 및 이주자 수용 기금으로 사용할 수 있다.

이렇게 혼합된 의회는 각 회원국이 전념해야 할 **우선순위**와 이와 관련한 **세금**을 정의할 것이다.

그리고 이 모든 것은 유럽과 국가 차원의 불평등을 줄인다는 목적을 가진다.

유럽 / 국가

장기적으로는
여러 나라의 국민들이

하나의 **정치공동체 구성원**이라고 느끼도록 만들기 위해서다.

제안 4
민주적 평등 바우처

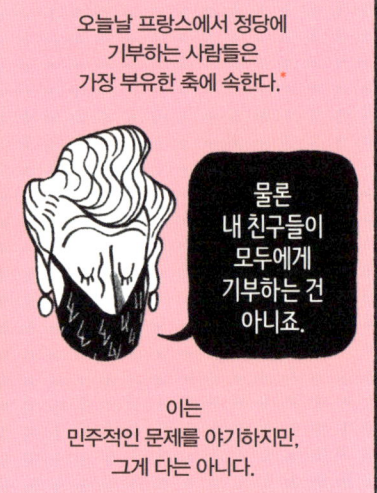

민주적 평등 바우처

* 개인 기부금은 1인당 7,500유로까지 가능하다.

* 유럽 철도 여행 정보 사이트(SNCF)에 따르면, 기차로 보르도–파리를 오가는 경우 1인당 1.2kg의 이산화탄소를 배출하는 반면, 개인 자동차로 이동하는 경우 113.3kg의 이산화탄소를 배출한다고 한다.

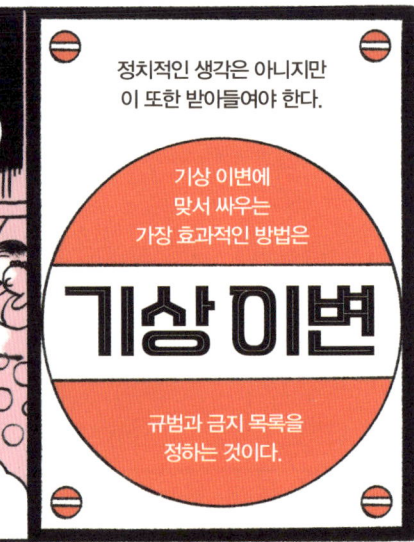

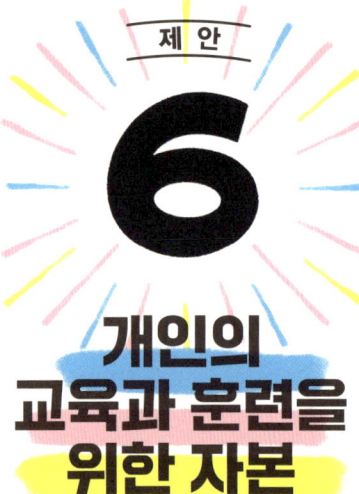

제안 6
개인의 교육과 훈련을 위한 자본

오늘날 프랑스에는 국가가 투자하는 학비마다 큰 격차가 존재한다.

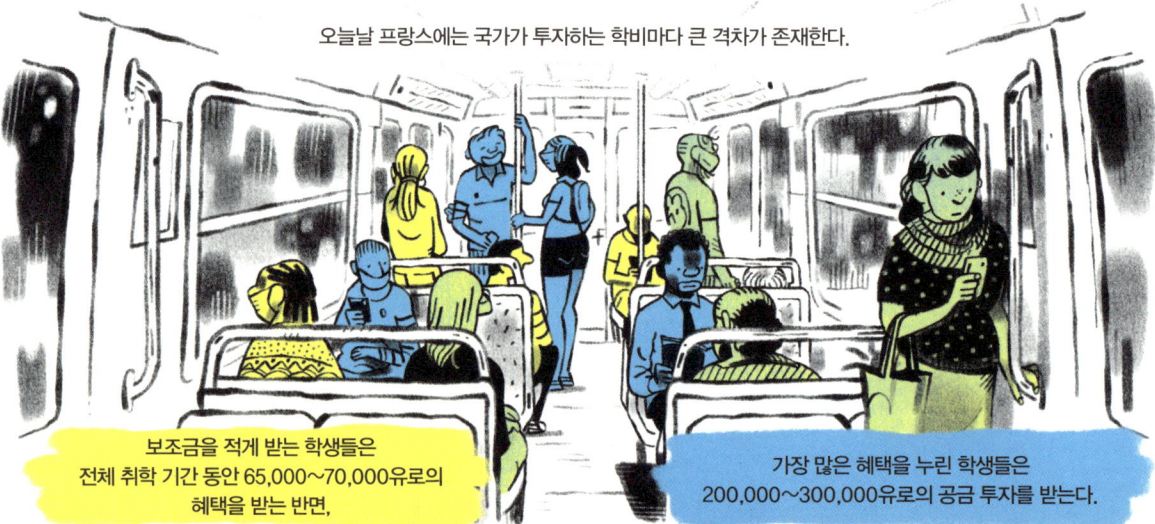

보조금을 적게 받는 학생들은 전체 취학 기간 동안 65,000~70,000유로의 혜택을 받는 반면,

가장 많은 혜택을 누린 학생들은 200,000~300,000유로의 공급 투자를 받는다.

학생 한 명이 대략 200,000유로의 총 자본금을 갖는 것을 생각해보자.

총 금액이 정규교육 중에 사용되지 않으면

교육을 받는데 늦은 나이는 없습니다!
문의하세요

남은 금액은 나중에 평생교육 과정에 사용할 수 있다.

또는 여전히 혜택을 받지 못하는 아이들을 수용하는 **초등 및 중등교육기관**에 차액이 지급된다.